Lösungen zum Lehrbuch Buchführung 1 DATEV-Kontenrahmen 2026

Manfred Bornhofen · Martin C. Bornhofen

Lösungen zum Lehrbuch Buchführung 1 DATEV-Kontenrahmen 2026

Mit zusätzlichen Prüfungsaufgaben und Lösungen

38., überarbeitete und aktualisierte Auflage

Springer Gabler

Studiendirektor, Dipl.-Hdl.
Manfred Bornhofen
Koblenz, Deutschland

WP, StB, CPA, Dipl.-Kfm.
Martin C. Bornhofen
Düsseldorf, Deutschland

ISBN 978-3-658-51987-2
ISBN 978-3-658-51988-9 (eBook)
DOI 10.1007/978-3-658-51988-9

Die Deutsche Nationalbibliothek verzeichnet diese Publikation in der Deutschen Nationalbibliografie; detaillierte bibliografische Daten sind im Internet über http://dnb.d-nb.de abrufbar.

Springer Gabler

Lektorat: Catarina Gomes de Almeida
Korrektorat: Inge Kachel-Moosdorf
Layout und Satz: workformedia | Frankfurt am Main

Springer Gabler ist ein Imprint der eingetragenen Gesellschaft Springer Fachmedien Wiesbaden GmbH und ist Teil von Springer Nature
Die Anschrift der Gesellschaft ist: Abraham-Lincoln-Strasse 46, 65189 Wiesbaden, Germany

Vorwort

Neben den Lösungen zum Lehrbuch der Buchführung 1 enthält dieses Buch zusätzliche Aufgaben und Lösungen zur Vertiefung Ihres Wissens.

Deshalb ist dieses „Aufgaben- und Lösungsbuch" in zwei Teile untergliedert.

Der **1. Teil** enthält die

Lösungen zum Lehrbuch

und **der 2. Teil** die

zusätzlichen Aufgaben und Lösungen.

Die einzelnen Sachthemen dieser zusätzlichen Aufgabensammlung finden Sie im Inhaltsverzeichnis oder in der Kopfzeile des Buches.

Die jeweiligen Lösungen folgen den Aufgaben direkt. Sie erkennen sie an der grauen Rasterung.

Wir hoffen, dass Sie mithilfe dieses zusätzlichen Übungsmaterials vielleicht noch verbliebene Unsicherheiten in der Anwendung Ihres Wissens beheben können und wünschen Ihnen viel Erfolg in Ihren Klausuren bzw. Prüfungen.

Ihr

Bornhofen-Team

Hyperlinks

Die **eBook-Ausgabe** der Lösungen zur Buchführung 1 bietet Ihnen **sorgfältig ausgewählte Verlinkungen** zu Gesetzestexten, BMF-Schreiben u.v.m. Im eBook erkennen Sie diese Links an der blauen Einfärbung des Textes.

Alle Verlinkungen wurden bei Redaktionsschluss (15. Mai 2026) sorgfältig überprüft und waren zu diesem Zeitpunkt aktuell und valide.

Für Veränderungen, die die Betreiber der angesteuerten Webseiten nach dem 15. Mai 2026 an ihren Inhalten vornehmen oder für mögliche Entfernungen solcher Inhalte übernehmen der Verlag und die Autoren keinerlei Gewähr.

Zudem haben der Verlag und die Autoren auf die Gestaltung und die Inhalte der externen gelinkten Seiten keinerlei Einfluss genommen und machen sich deren Inhalte nicht zu eigen.

Wir freuen uns über Ihre Hinweise und Anregungen an **customerservice@springernature.com**.

Inhaltsverzeichnis

Teil 1: Lösungen zum Lehrbuch

Teil 2: Zusätzliche Aufgaben und Lösungen

Teil 1: Lösungen zum Lehrbuch

1 Einführung in das betriebliche Rechnungswesen

AUFGABE 1

(c) Werbung

AUFGABE 2

1.	S	e	l	b	s	t	i	n	f	o	r	m	a	t	**i**	o	n			
2.	**R**	e	c	h	e	n	s	**c**	h	a	f	t	s	**l**	e	g	u	n	g	
3.	B	**e**	w	e	**i**	s	m	i	t	t	**e**	l								
4.	B	e	s	t	e	u	e	r	u	n	g	s	g	r	u	n	**d**	l	a	g	e
5.	G	l	ä	u	b	i	g	e	r	s	c	**h**	u	**t**	z					

Lösungswort: **Redlichkeit**

AUFGABE 3

(c) Paretzki erhält die erste Warenlieferung.

2 Buchführungs- und Aufzeichnungsvorschriften

AUFGABE 1

1. keine handelsrechtliche Buchführungspflicht, weil Ohlig kein Kaufmann ist
2. keine handelsrechtliche Buchführungspflicht, weil der Gewerbebetrieb des Boden keine kaufmännische Organisation erfordert; kein Handelsgewerbe
3. keine handelsrechtliche Buchführungspflicht, weil Dr. Claus kein Handelsgewerbe betreibt
4. keine handelsrechtliche Buchführungspflicht, weil der Gewerbebetrieb des Daumen keine kaufmännische Organisation erfordert; kein Handelsgewerbe

AUFGABE 2

1. Jessica Hahlbrock ist buchführungspflichtig, weil sie die Voraussetzungen des § 238 Abs. 1 HGB (**Kaufmann i. S. d. HGB**) erfüllt. Die handelsrechtliche Verpflichtung nach § 238 Abs. 1 HGB gilt nach § 140 AO auch für das Steuerrecht.
2. Es besteht keine Buchführungspflicht nach § 140 AO, weil Bothe kein Kaufmann i. S. d. HGB ist. Es besteht keine Buchführungspflicht nach § 141 AO, weil § 141 AO nicht für Freiberufler gilt, sondern nur für Gewerbebetreibende und Land- und Forstwirte.

3. Kühlenthal ist kein Kaufmann i.S.d. HGB, weil er kein Handelsgewerbe betreibt. Daher besteht auch keine Buchführungspflicht nach § 140 AO. Nach § 141 AO ist er jedoch steuerrechtlich buchführungspflichtig, weil sein Umsatz die Grenze von 800.000 Euro übersteigt.
4. Frau Gusterer übt ein Grundhandelsgewerbe aus, sie ist daher Kaufmann i.S.d. HGB und nach dem Handelsrecht (§ 238 HGB) zur Führung von Büchern verpflichtet. Daraus ergibt sich eine steuerrechtliche Buchführungspflicht nach § 140 AO. Die Größenmerkmale des § 141 AO müssen deshalb nicht mehr geprüft werden.

AUFGABE 3

1. Listig wird nach § 141 Abs. 1 Nr. 1 AO buchführungspflichtig.
2. originäre Buchführungspflicht
3. nach § 141 Abs. 2 AO ab dem Wirtschaftsjahr 2027

AUFGABE 4

1. Die verwendete Abkürzung ist nicht eindeutig. Es liegt ein formeller Mangel vor (§ 239 Abs. 1 Satz 2 HGB).
2. Es liegen formelle Mängel vor.
3. Es liegt ein sachlicher Mangel vor.
4. Es liegt ein sachlicher Mangel vor.

AUFGABE 5

Kliensmann ist weder nach dem Handelsrecht noch nach dem Steuerrecht buchführungspflichtig, weil er weder Kaufmann i.S.d. des HGB ist noch eine Betragsgrenze des § 141 AO überschreitet.

Trotzdem muss er zum Zwecke der Sicherung des Steueraufkommens mehrere Aufzeichnungspflichten erfüllen (siehe Abschnitt 2.2, Seiten 17 ff., des Lehrbuchs).

AUFGABE 6

Die Aufbewahrungspflichten betragen nach § 257 Abs. 4 HGB und § 147 Abs. 3 AO:

1. 8 Jahre,
2. 6 Jahre,
3. 10 Jahre.
4. 5 Jahre.

AUFGABE 7

In diesem Fall kann die Finanzverwaltung die Buchführung „verwerfen", das heißt, sie verliert ihre Funktion als Rechnungslegung und Beweismittel.
Damit hat die Finanzverwaltung die Möglichkeit den Gewinn zu schätzen (§ 162 AO).
Außerdem kann ein Strafverfahren eingeleitet werden (Geld- oder Freiheitsstrafen).

3 Grundlagen der Finanzbuchführung

3.1 Inventur und Inventar

AUFGABE 1

(d) muss innerhalb von 10 Tagen vor oder nach dem Bilanzstichtag erfolgen.

AUFGABE 2

Listig wird gemäß § 141 Abs. 2 AO buchführungspflichtig und muss seinen Gewinn für das Geschäftsjahr 2027 (Wirtschaftsjahr, das auf die Mitteilung durch das Finanzamt folgt) durch Betriebsvermögensvergleich ermitteln. Dazu braucht er eine Bestandsaufnahme (Eröffnungsbilanz) zum 01.01.2027; deswegen muss er eine Inventur zum 01.01.2027 durchführen.

AUFGABE 3

Vermögensgegenstände/Schulden	Anlagevermögen	Umlaufvermögen	Schulden
1. Unbebautes Grundstück	x		
2. Bankdarlehen			x
3. Lkw	x		
4. Produktionsmaschine	x		
5. Bankguthaben		x	
6. Kassenbestand		x	
7. Schreibtisch für das Büro	x		
8. Warenbestand		x	

AUFGABE 4

Der Pkw gehört am 31.12. (Bilanzstichtag) nicht zum Umlaufvermögen, sondern zum **Anlagevermögen**, weil seine Zweckbestimmung nicht der Veräußerung, sondern der betrieblichen Verwendung als Vorführwagen dient. Die Dauer der Zugehörigkeit zum Betriebsvermögen ist dabei unbedeutend (R 6.1. Abs. 1 EStR 2012).

AUFGABE 5

Folgende Gleichungen sind richtig:

2. Vermögen – Schulden = Reinvermögen,
4. Reinvermögen + Schulden = Anlagevermögen + Umlaufvermögen.

AUFGABE 6

	€	€
I. Vermögen		
1. Anlagevermögen		
1.1 Grundstücke und Bauten		
Grundstücke: Münster, Hauptstr. 5	10.000,00	
Geschäftsbauten: Münster, Hauptstr. 5	52.200,00	62.200,00
1.2 Betriebs- und Geschäftsausstattung		
Lkw	16.400,00	
Pkw	16.400,00	
sonstige Betriebs- und Geschäftsausstattung lt. bes. Verzeichnis	10.800,00	43.600,00
2. Umlaufvermögen		
2.1 Vorräte		
Waren lt. besonderem Verzeichnis		35.700,00
2.2 Forderungen		
Forderungen aus Lieferungen und Leistungen lt. bes. Verzeichnis		21.100,00
2.3 Kassenbestand, Guthaben bei Kreditinstituten		
Kassenbestand	7.600,00	
Guthaben bei der Sparkasse Münster	23.900,00	31.500,00
Summe des Vermögens		194.100,00
II. Schulden		
1. Langfristige Schulden		
1.1 Schulden gegenüber Kreditinstituten		
Darlehen Commerzbank Münster		35.000,00
2. Kurzfristige Schulden		
2.1 Schulden aus Lieferungen und Leistungen lt. bes. Verzeichnis		18.500,00
Summe der Schulden		53.500,00
III. Ermittlung des Reinvermögens		
Summe des Vermögens		194.100,00
- Summe der Schulden		53.500,00
= Reinvermögen (Eigenkapital)		**140.600,00**

AUFGABE 7

Das Inventar muss **10 Jahre** aufbewahrt werden. Lösung (c) ist richtig.

AUFGABE 8

Nach § 4 Abs. 1 Satz 1 EStG ergibt sich folgender Gewinn:

	Reinvermögen am 31.12.2026	190.000,00 €
-	Reinvermögen am 31.12.2025	- 160.000,00 €
=	Veränderung (Unterschiedsbetrag)	30.000,00 €
+	Entnahmen 2026	0,00 €
-	Einlagen 2026	0,00 €
=	Gewinn 2026	**30.000,00 €**

AUFGABE 9

Lösung (c) ist richtig.

AUFGABE 10

Lösung (c) ist richtig.

3.2 Bilanz

AUFGABE 1

Folgende Aussagen sind richtig:

1. Die Bilanz ist eine Stichtagsbetrachtung.
3. Die Bilanz ist ein Teil des handelsrechtlichen Jahresabschlusses.
5. Die linke Seite der Bilanz ist die Investitionsseite.

AUFGABE 2

Folgende Aussage ist richtig:

4. Aktiva abzüglich Passiva ist immer null.

AUFGABE 3

A	Bilanz zum 31.12.2026		P
Anlagevermögen	600.000,00 €	Eigenkapital	300.000,00 €
Umlaufvermögen	500.000,00 €	Verbindlichkeiten	800.000,00 €
	1.100.000,00 €		1.100.000,00 €

AUFGABE 4

Aktiva	Bilanz zum 31.12.2026		Passiva
A. Anlagevermögen		**A. Eigenkapital**	140.600,00
I. Sachanlagen			
1. Grundstücke und Bauten	62.200,00	**B. Verbindlichkeiten**	
2. Betriebs- und Geschäftsausstattung	43.600,00	1. Verbindlichkeiten gegenüber Kreditinstituten	35.000,00
B. Umlaufvermögen		2. Verbindlichkeiten aus Lieferungen und Leistungen	18.500,00
I. Vorräte			
1. Waren	35.700,00		
II. Forderungen			
1. Forderungen aLuL	21.100,00		
III. Kassenbestand und Guthaben bei Kreditinstituten	31.500,00		
	194.100,00		194.100,00

09.03.2027 *Inger Neis*

AUFGABE 5

Die richtige Lösung ist (d), weil es sich bei der Eduard Müller **GmbH** um eine Kapitalgesellschaft handelt.

AUFGABE 6

Die Bilanz bei der Nicht-Kapitalgesellschaft (Einzelkaufmann) ist nicht innerhalb einer angemessenen Zeit nach dem Bilanzstichtag aufgestellt worden (Verstoß gegen § 243 Abs. 3 HGB).
Nach der Rechtsprechung des BFH sollte die Bilanz innerhalb von 12 Monaten nach dem Bilanzstichtag aufgestellt werden (BStBl II 1991 S. 802).

AUFGABE 7

Nach § 264 Abs. 1 HGB muss die Bilanz einer Kapitalgesellschaft (GmbH) innerhalb von 3 Monaten nach dem Bilanzstichtag aufgestellt werden.

AUFGABE 8

Anlagevermögen + Umlaufvermögen = Eigenkapital + Verbindlichkeiten

Umlaufvermögen = Eigenkapital + Verbindlichkeiten – Anlagevermögen

Umlaufvermögen = 200.000 €

AUFGABE 9

Nach § 244 HGB muss der Jahresabschluss in deutscher Sprache und in Euro aufgestellt werden.

3.3 Bestandsveränderungen

AUFGABE 1

Aktiva	**Bilanz** nach dem **1. Geschäftsvorfall**		Passiva
Maschinen (0 + 5.000)	5.000,00	Eigenkapital	60.000,00
Waren	50.000,00	Verbindlichkeiten	10.000,00
Forderungen aLuL	5.000,00		
Kassenbestand und Guthaben bei Kreditinstituten (15.000 - 5.000)	10.000,00		
	70.000,00		70.000,00

Aktiva	**Bilanz** nach dem **2. Geschäftsvorfall**		Passiva
Maschinen	5.000,00	Eigenkapital	60.000,00
Waren	50.000,00	Verbindlichkeiten gegenüber Kreditinstituten (0 + 1.000)	1.000,00
Forderungen aLuL	5.000,00	Verbindlichkeiten aLuL (10.000 - 1.000)	9.000,00
Kassenbestand und Guthaben bei Kreditinstituten	10.000,00		
	70.000,00		70.000,00

Aktiva	**Bilanz** nach dem **3. Geschäftsvorfall**		Passiva
Maschinen	5.000,00	Eigenkapital	60.000,00
BGA (0 + 15.000)	15.000,00	Verbindlichkeiten gegenüber Kreditinstituten	1.000,00
Waren	50.000,00	Verbindlichkeiten aLuL (9.000 + 15.000)	24.000,00
Forderungen aLuL	5.000,00		
Kassenbestand und Guthaben bei Kreditinstituten	10.000,00		
	85.000,00		85.000,00

Aktiva	**Bilanz** nach dem **4. Geschäftsvorfall**		Passiva
Maschinen	5.000,00	Eigenkapital	60.000,00
BGA	15.000,00	Verbindlichkeiten gegenüber Kreditinstituten	1.000,00
Waren	50.000,00	Verbindlichkeiten aLuL (24.000 - 5.000)	19.000,00
Forderungen aLuL	5.000,00		
Kassenbestand und Guthaben bei Kreditinstituten (10.000 - 5.000)	5.000,00		
	80.000,00		80.000,00

AUFGABE 2

zu 1.: Passiva = Aktiva; Gesamtvermögen - Umlaufvermögen = Anlagevermögen 350.000 €

zu 2.: Passiva: Eigenkapital + Verbindlichkeiten = 500.000 € = Bilanzsumme

AUFGABE 3

Nr.	Geschäftsvorfall	Aktiv-Tausch	Passiv-Tausch	Aktiv-Passiv-Mehrung	Aktiv-Passiv-Minderung
1.	Unser Kunde begleicht eine Forderung aLuL bar.	x			
2.	Pkw-Kauf auf Ziel			x	
3.	Begleichung einer Verbindlichkeit aLuL durch Banküberweisung. Das Bankkonto weist ein Guthaben aus.				x
4.	Kauf von Grund und Boden durch Barzahlung	x			
5.	Postbanküberweisung zur Begleichung einer Verbindlichk. aLuL. Das Postbankkonto weist ein Guthaben aus.				x
6.	Eine Verb. aLuL wird durch Banküberweisung beglichen. Das Bankkonto weist eine Verbindlichkeit aus.		x		
7.	Rückzahlung einer Darlehensverbindlichkeit durch Banküberweisung. Das Bankkonto weist ein Guthaben aus.				x

AUFGABE 4

Die Bilanzsumme wird durch Aktiv-Passiv-Mehrungen und Aktiv-Passiv-Minderungen verändert.

AUFGABE 5

zu 1. Forderungen aLuL (10.000 € - 8.000 €)
Guthaben bei Kreditinstituten (5.000 € + 8.000 €)

zu 2. Verbindlichkeiten aLuL (10.000 € - 5.000 €)
Guthaben bei Kreditinstituten (13.000 € - 5.000 €)

zu 3. Guthaben bei Kreditinstituten (8.000 € - 1.000 €)
Kasse (5.000 € + 1.000 €)

zu 4. Verbindlichkeiten aLuL (5.000 € - 500 €)
Kasse (6.000 € - 500 €)

Aktiva	Bilanz **nach den vier** Geschäftsvorfällen		Passiva
Waren	30.000,00	Eigenkapital	40.000,00
Forderungen aLuL	2.000,00	Verbindlichkeiten aLuL	4.500,00
Kassenbestand	5.500,00		
Guthaben bei Kreditinstituten	7.000,00		
	44.500,00		44.500,00

3.4 Bestandskonten

AUFGABE 1

Konto	Aktivkonto	Passivkonto
Kasse	x	
Verbindlichkeiten aLuL		x
Verbindlichkeiten gegenüber Kreditinstituten		x
Lkw	x	
Warenvorräte	x	
Eigenkapital		x
Geschäftsbauten	x	
Bankguthaben	x	
Forderungen aLuL	x	

AUFGABE 2

Soll	Kasse		Haben
Anfangsbestand	1.800,00	Zahlung an Lieferer	400,00
Zahlung eines Kunden	200,00	Zahlung für Porto	50,00
Abhebung von der Bank	1.000,00	Zahlung für Telefongebühren	600,00
Miete Werkswohnung	300,00	Lohn	500,00
		Gehalt	800,00

AUFGABE 3

Soll	Verbindlichkeiten aLuL		Haben
Postbanküberweisung	4.000,00	Anfangsbestand	15.000,00
Banküberweisung	6.000,00	Kauf einer Maschine	10.000,00
		Kauf eines Pkws	35.000,00

AUFGABE 4

Folgende Aussagen über Bestandskonten sind richtig:

2. Der Endbestand der Passivkonten steht in der Regel im Soll.
4. Die Endbestände der Bestandskonten werden in das Schlussbilanzkonto übertragen.

AUFGABE 5

Buchungssätze:

Sollkonto	Betrag (€)	Habenkonto
Waren	10.000,00	Verbindlichkeiten aLuL
Kasse	5.000,00	Forderungen aLuL

A	Bilanz (Vorjahr)		P
Warenbestand	20.000,00	Eigenkapital	50.000,00
Forderungen aLuL	40.000,00	Verbindlichkeiten aLuL	40.000,00
Kasse	30.000,00		
	90.000,00		90.000,00

S	Saldenvorträge		H
Eigenkapital	50.000,00	Warenbestand	20.000,00
Verbindlichkeiten aLuL	40.000,00	Forderungen aLuL	40.000,00
		Kasse	30.000,00
	90.000,00		90.000,00

Aktivkonten:

S	Warenbestand		H
AB	20.000,00		
1)	10.000,00	SBK	30.000,00
	30.000,00		30.000,00

S	Forderungen aLuL		H
AB	40.000,00	2)	5.000,00
		SBK	35.000,00
	40.000,00		40.000,00

S	Kasse		H
AB	30.000,00		
2)	5.000,00	SBK	35.000,00
	35.000,00		35.000,00

Passivkonten:

S	Eigenkapital		H
SBK	50.000,00	AB	50.000,00

S	Verbindlichkeiten aLuL		H
		AB	40.000,00
SBK	50.000,00	1)	10.000,00
	50.000,00		50.000,00

Schlussbilanzkonto:

S	Schlussbilanzkonto (SBK)		H
Waren	30.000,00	Eigenkapital	50.000,00
Forderungen aLuL	35.000,00	Verbindlichkeiten aLuL	50.000,00
Kasse	35.000,00		
	100.000,00		100.000,00

AUFGABE 6

Buchungssätze:

Tz.	Sollkonto	Betrag (€)	Habenkonto
1.	Kasse	8.000,00	Bank
2.	Verbindlichkeiten aLuL	6.000,00	Bank
3.	Sonstige BGA	1.000,00	Verbindlichkeiten aLuL
4.	Verbindlichkeiten geg. Kreditinst.	5.000,00	Bank
5.	Verbindlichkeiten aLuL	20.000,00	Verbindlichkeiten geg. Kreditinst.

Aktivkonten:

S Sonstige BGA H

AB	110.000,00		
3)	1.000,00	SBK	111.000,00
	111.000,00		111.000,00

S Warenbestand H

AB	75.000	SBK	75.000

S Kasse H

AB	5.000,00		
1)	8.000,00	SBK	13.000,00
	13.000,00		13.000,00

S Bank H

AB	30.000,00	1)	8.000,00
		2)	6.000,00
		4)	5.000,00
		SBK	11.000,00
	30.000,00		30.000,00

Passivkonten:

S Eigenkapital H

SBK	50.000,00	AB	50.000,00

S Verbindl. geg. Kreditinst. H

4)	5.000,00	AB	110.000,00
SBK	125.000,00	5)	20.000,00
	130.000,00		130.000,00

S Verbindlichkeiten aLuL H

2)	6.000,00	AB	60.000,00
5)	20.000,00	3)	1.000,00
SBK	35.000,00		
	61.000,00		61.000,00

Schlussbilanzkonto:

S Schlussbilanzkonto (SBK) H

Sonstige BGA	111.000,00	Eigenkapital	50.000,00
Waren	75.000,00	Verbindlichk. geg. Kreditinst.	125.000,00
Bank	11.000,00	Verbindlichkeiten aLuL	35.000,00
Kasse	13.000,00		
	210.000,00		210.000,00

AUFGABE 7

Buchungssätze:

Tz.	Sollkonto	Betrag (€)	Habenkonto
1.	Bank	10.000,00	Kasse
2.	Bank	14.000,00	Forderungen aLuL
3.	Pkw	20.000,00	Verbindlichkeiten aLuL
4.	Bank	35.000,00	Verbindlichkeiten geg. Kreditinst.
5.	Verbindlichkeiten aLuL	10.000,00	Bank

Aktivkonten:

S	Pkw		H
AB	150.000,00		
3)	20.000,00	SBK	170.000,00
	170.000,00		170.000,00

S	Sonstige BGA		H
AB	125.000	SBK	125.000

S	Warenbestand		H
AB	175.000,00	SBK	175.000,00

S	Forderungen aLuL		H
AB	34.000,00	2)	14.000,00
		SBK	20.000,00
	30.000,00		34.000,00

S	Kasse		H
AB	15.000,00	1)	10.000,00
		SBK	5.000,00
	15.000,00		15.000,00

S	Bank		H
AB	37.000,00	5)	10.000,00
1)	10.000,00		
2)	14.000,00		
4)	35.000,00	SBK	86.000,00
	96.000,00		96.000,00

Passivkonten:

S	Eigenkapital		H
SBK	276.000,00	AB	276.000,00

S	Verbindl. geg. Kreditinst.		H
		AB	100.000,00
SBK	135.000,00	4)	35.000,00
	135.000,00		135.000,00

S	Verbindlichkeiten aLuL		H
5)	10.000,00	AB	160.000,00
SBK	170.000,00	3)	20.000,00
	180.000,00		180.000,00

Schlussbilanzkonto:

S		Schlussbilanzkonto (SBK)	H
Pkw	170.000,00	Eigenkapital	276.000,00
Sonstige BGA	125.000,00	Verbindlichk. geg. Kreditinst.	135.000,00
Waren	175.000,00	Verbindlichkeiten aLuL	170.000,00
Forderungen aLuL	20.000,00		
Bank	86.000,00		
Kasse	5.000,00		
	581.000,00		581.000,00

AUFGABE 8

Tz.	Buchungssätze	Geschäftsvorfälle
1.	Betriebsausstattung an Bank 8.000 €	Kauf einer Werkstatteinrichtung durch Banküberweisung 8.000 €
2.	Verbindlichkeiten aLuL an Forderungen aLuL 7.000 €	Verbindlichkeit aLuL wird mit einer Forderung aLuL verrechnet 7.000 €
3.	Grund und Boden unbebaut an Bank 50.000 €	Kauf eines unbebauten Grundstücks durch Banküberweisung 50.000 €
4.	Bank an Postbank 10.000 €	Postbanküberweisung auf Bankkonto 10.000 €
5.	Postbank an Kasse 5.000 €	Bareinzahlung auf Postbankkonto 5.000 €
6.	Verbindlichkeiten aLuL an Verbindlichkeiten geg. Kreditinst. 10.000 €	Umwandlung einer Verbindlichkeit aLuL in ein Darlehen 10.000 €
7.	Verbindlichkeiten aLuL an Bank 8.000 €	Begleichung einer Verbindlichkeit aLuL durch Banküberweisung 8.000 €

AUFGABE 9

Tz.	Buchungssätze	Geschäftsvorfälle	Bestands-veränderungen
1.	Pkw an Kasse 10.000 €	Barkauf eines Pkws 10.000 €	Aktiv-Tausch
2.	Geschäftsausstattung an Bank 5.000 €	Kauf z.B. eines Computers durch Banküberweisung 5.000 €	Aktiv-Tausch
3.	Pkw an Verbindlichkeiten aLuL 20.000 €	Kauf eines Pkws auf Ziel 20.000 €	Aktiv-Passiv-Mehrung
4.	Kasse an Bank 10.000 €	Barabhebung vom Bankkonto 10.000 €	Aktiv-Tausch
5.	Lkw an Postbank 30.000 €	Kauf eines Lkws gegen Postbank 30.000 €	Aktiv-Tausch
6.	Verbindlichkeiten aLuL an Verbindlichkeiten gegenüber Kreditinstituten 40.000 €	Umwandlung einer Verbindlichkeit aLuL in ein Darlehen 40.000 €	Passiv-Tausch
7.	Bank an Verbindlichkeiten gegenüber Kreditinstituten 80.000 €	Aufnahme eines Bankdarlehens 80.000 €	Aktiv-Passiv-Mehrung

AUFGABE 10

Tz.	Betrag		Gegenkonto	Konto
	Soll	Haben		
1a) b)	50.000,00	 50.000,00	**1800** (1200) **0215** (0065)	**0215** (0065) **1800** (1200)
2a) b)	2.000,00	 2.000,00	**1800** (1200) **0650** (0420)	**0650** (0420) **1800** (1200)
3a) b)	11.000,00	 11.000,00	**1700** (1100) **0520** (0320)	**0520** (0320) **1700** (1100)

3.5 Erfolgskonten

AUFGABE 1

Tz.	Sollkonto	Betrag (€)	Habenkonto
1.	Heizung	200,00	Bank
2.	Gehälter	500,00	Bank
3.	Löhne	1.000,00	Kasse
4.	Zinsaufwendungen	130,00	Bank
5.	Kasse	200,00	Grundstückserträge
6.	Bank	70,00	Zinserträge
7.	Miete	600,00	Kasse
8.	Kfz-Reparaturen	200,00	Kasse
9.	Zinsaufwendungen	120,00	Bank
10.	Porto	400,00	Kasse
11.	Telefon	250,00	Bank

AUFGABE 2

Tz.	Sollkonto	Betrag (€)	Habenkonto
1.	Bank	100,00	Zinserträge
2.	Miete	500,00	Kasse
3.	Gehälter	800,00	Kasse
4.	Miete	3.500,00	Bank
5.	Porto	50,00	Kasse
6.	Telefon	120,00	Bank
7.	Löhne	1.020,00	Kasse
8.	Reinigung	160,00	Kasse
9.	Reparaturen	320,00	Bank

S	GuVK		H
Miete	4.000,00	Zinserträge	100,00
Gehälter	800,00	Eigenkapital (**Verlust**)	6.370,00
Porto	50,00		
Telefon	120,00		
Löhne	1.020,00		
Reinigung	160,00		
Reparaturen	320,00		
	6.470,00		6.470,00

S	Schlussbilanzkonto (SBK)		H
Geschäftsausstattung	20.000,00	Eigenkapital	93.630,00
Waren	40.000,00	Verbindlichkeiten aLuL	20.000,00
Forderungen aLuL	30.000,00		
Kasse	7.470,00		
Bank	16.160,00		
	113.630,00		113.630,00

	Eigenkapital am Ende des Geschäftsjahres	93.630 €
-	Eigenkapital am Anfang des Geschäftsjahres	100.000 €
=	Eigenkapital**minderung** = **Verlust**	6.370 €

AUFGABE 3

Das Konto wird mit der folgenden Kontierung abgeschlossen:
3. Zinserträge an GuVK 1.600 €.

AUFGABE 4

Tz.	Sollkonto	Betrag (€)	Habenkonto	(+)	(-)
1.	Löhne	3.000,00	Bank		x
2.	Sonstige BuG	5.000,00	Verbindlichkeiten aLuL		
3.	Bank	4.000,00	Zinserträge	x	
4.	Miete	2.000,00	Kasse		x
5.	Bank	3.500,00	Kasse		
6.	Forderungen aLuL	9.000,00	Grundstückserträge	x	

AUFGABE 5

Das Konto wird mit der folgenden Kontierung abgeschlossen:
4. GuVK an EK 12.400 €.

AUFGABE 6

Der Forderungsverlust mindert das Eigenkapital = Aufwand.
Lösung 3. ist richtig.

AUFGABE 7

Saldo im Haben: Aufwendungen > Erträge; das Eigenkapital wird gemindert.

3.6 Kontenrahmen und Kontenplan

AUFGABE 1

Kontennummern	Kontenbezeichnung
0215 (0065)	Unbebaute Grundstücke
1200 (1400)	Forderungen aLuL
1800 (1200)	Bank
1600 (1000)	Kasse
3300 (1600)	Verbindlichkeiten aLuL

AUFGABE 2

Tz.	Sollkonto	Betrag (€)	Habenkonto
1.	**0250** (0100) Fabrikbauten **0235** (0085) Bebaute Grundst.	500.000,00 100.000,00	**1800** (1200) Bank **1800** (1200) Bank
2.	**0215** (0065) Unbebaute Grundst.	150.000,00	**3300** (1600) Verbindl. aLuL
3.	**3300** (1600) Verbindl. aLuL	150.000,00	**1800** (1200) Bank
4.	**1800** (1200) Bank	13.560,00	**1200** (1400) Forderungen aLuL
5.	**1800** (1200) Bank **1700** (1100) Postbank	1.000,00 500,00	**1200** (1400) Forderungen aLuL **1200** (1400) Forderungen aLuL
6.	**1600** (1000) Kasse	7.000,00	**1800** (1200) Bank
7.	**1800** (1200) Bank	50.000,00	**3160** (0640) Verb. geg. Kr.
8.	**3160** (0640) Verb. geg. Kr.	2.000,00	**1800** (1200) Bank
9.	**1600** (1000) Kasse	10.000,00	**1200** (1400) Forderungen aLuL
10.	**6310** (4210) Miete	1.000,00	**1800** (1200) Bank
11.	**1800** (1200) Bank	600,00	**7100** (2650) Zinserträge
12.	**6010** (4110) Löhne	1.200,00	**1600** (1000) Kasse
13.	**6800** (4910) Porto	500,00	**1600** (1000) Kasse
14.	**6805** (4920) Telefon	400,00	**1800** (1200) Bank
15.	**1800** (1200) Bank	5.000,00	**4560** (8510) Provisionsumsätze
16.	**6330** (4250) Reinigung	300,00	**1800** (1200) Bank
17.	**6020** (4120) Gehälter	2.300,00	**1600** (1000) Kasse
18.	**6470** (4805) Reparaturen	100,00	**1600** (1000) Kasse
19.	**7310** (2110) Zinsaufwendungen	180,00	**1800** (1200) Bank
20.	**0640** (0430) Ladeneinrichtung	2.800,00	**1600** (1000) Kasse
21.	**0640** (0430) Ladeneinrichtung	8.000,00	**1800** (1200) Bank

Zusammenfassende Erfolgskontrolle

Tz.	Sollkonto	Betrag (€)	Habenkonto
1.	**0650** (0420) Büroeinrichtung	5.000,00	**3300** (1600) Verbindl. aLuL
2.	**6310** (4210) Miete	500,00	**1800** (1200) Bank
3.	**3160** (0640) Verb. geg. Kr.	6.000,00	**1800** (1200) Bank
4.	**6010** (4110) Löhne	1.100,00	**1600** (1000) Kasse
5.	**3300** (1600) Verbindl. aLuL	1.000,00	**1700** (1100) Postbank
6.	**7320** (2120) Zinsaufwendungen	250,00	**1800** (1200) Bank
7.	**6805** (4920) Telefon	600,00	**1800** (1200) Bank
8.	**6800** (4910) Porto	100,00	**1600** (1000) Kasse
9.	**1800** (1200) Bank	4.000,00	**1200** (1400) Forderungen aLuL
10.	**1800** (1200) Bank	300,00	**7100** (2650) Zinserträge

GuVK

S			H
Miete	500,00	Zinserträge	300,00
Löhne	1.100,00	Eigenkapital (**Verlust**)	**2.250,00**
Zinsaufwendungen	250,00		
Telefon	600,00		
Porto	100,00		
	2.550,00		2.550,00

Schlussbilanzkonto (SBK)

S			H
Bebaute Grundstücke	110.000,00	Eigenkapital	347.750,00
Geschäftsbauten	260.000,00	Verb. gegenüber Kreditinst.	174.000,00
Ladeneinrichtung	10.000,00	Verbindlichkeiten aLuL	39.000,00
Büroeinrichtung	25.000,00		
Waren	65.000,00		
Forderungen aLuL	76.000,00		
Kasse	1.800,00		
Postbank	1.000,00		
Bank	11.950,00		
	560.750,00		560.750,00

Aktiva	Bilanz zum 31.12.2026		Passiva
A. Anlagevermögen		**A. Eigenkapital**	347.750,00
I. Sachanlagen			
1. Grundstücke und Bauten	370.000,00	**B. Verbindlichkeiten**	
2. Betriebs- und Geschäftsausstattung	35.000,00	1. Verbindlichkeiten gegenüber Kreditinstituten	174.000,00
B. Umlaufvermögen		2. Verbindlichkeiten aus Lieferungen und Leistungen	39.000,00
I. Vorräte			
1. Waren	65.000,00		
II. Forderungen			
1. Forderungen aLuL	76.000,00		
III. Kassenbestand und Guthaben bei Kreditinstituten	14.750,00		
	560.750,00		560.750,00

04.03.2027 *Georgis Bantes*

3.7 Abschreibung abnutzbarer Anlagegüter

AUFGABE 1

Anlagegut	AK	Nutzungsdauer	Abschreibungsbetrag
1	20.000 €	5 Jahre	**4.000 €**
2	10.000 €	4 Jahre	**2.500 €**
3	25.000 €	5 Jahre	**5.000 €**
4	8.000 €	8 Jahre	**1.000 €**

AUFGABE 2

Anlagegut	Nutzungsdauer	Abschreibungssatz
1	3 Jahre	**33 ⅓ %**
2	4 Jahre	**25 %**
3	5 Jahre	**20 %**
4	6 Jahre	**16 ⅔ %**

AUFGABE 3

1. Der Abschreibungsbetrag beträgt **5.000 €**.
2. 30.000 € : 6 = 5.000 € x 5/12 = 2.083,33 € oder
   30.000 € x 16 ⅔ % = 5.000 € x 5/12 = 2.083,33 €

AUFGABE 4

1. 98.000 € : 14.000 € = 7 Jahre (noch abzuschreiben)
   98.000 € : 7 Jahre x 10 Jahre = 140.000 € oder
   14.000 € x 10 Jahre = 140.000 €
   Die historischen Anschaffungskosten betrugen **140.000 €**.

2. 2026 = 3. Jahr
   2025 = 2. Jahr
   2024 = 1. Jahr = Jahr der Anschaffung
   Die Anschaffung der Maschine erfolgte im Jahr **2024**.

AUFGABE 5

Anschaffungskosten: 40.000 € + 7.600 €
(Vorsteuer nach § 9b EStG nicht abzugsfähig)
= 47.600 € : 6 Jahre ND = 7.933 €/Jahr

2026 = 7.933 € x $\frac{10}{12}$ = 6.610 €
2027 = 7.933 €
2032 = 7.933 € x $\frac{2}{12}$ = 1.322 €

AUFGABE 6

3. Warenvorräte, weil Umlaufvermögen
5. Grund und Boden, weil nicht abnutzbares Sachanlagevermögen

AUFGABE 7

Die Vorgehensweise ist nicht zulässig, weil die Abschreibungen zwingend vorgeschrieben sind (§ 253 Abs. 3 HGB).

AUFGABE 8

Müsig:
Abschreibung für den Zeitraum Januar – März 2026: $\frac{3}{12}$ von 12.000 € = **3.000 €**

Handlang:
Abschreibung AK 27.000 € : 3 = 9.000 € zeitanteilig für April – Dezember $\frac{9}{12}$ = **6.750 €**

AUFGABE 9

S	**0650** (0420) Büroeinrichtung		H
SV	48.000,00	AfA	12.000,00
		SBK	36.000,00
	48.000,00		48.000,00

S	**2000** (0800) Eigenkapital		H
		SV	32.000,00
SBK	60.000,00	GuVK	28.000,00
	60.000,00		60.000,00

S	**0520** (0320) Pkw		H
SV	30.000,00	AfA	10.000,00
		SBK	20.000,00
	30.000,00		30.000,00

S	**0940** (0550) Darlehen		H
SBK	36.000,00	SV	36.000,00

S	**6220** (4830) Abschreibungen		H
Büroeinr.	12.000,00	GuVK	12.000,00

S	**1800** (1200) Bank		H
SV	40.000,00		40.000,00

S	**6222** (4832) Abschreibungen Kfz		H
Pkw	10.000,00	GuVK	10.000,00

S	**4830** (2700) Sonstige Erträge		H
GuVK	250.000,00		250.000,00

S	**6300** (2300) Sonst. Aufwendungen		H
	200.000,00		200.000,00

S	**9999** (9999) GuVK		H
AfA (insg.)	22.000,00	Sonst. Er.	250.000,00
Sonst. A.	200.000,00		
EK	28.000,00		
	250.000,00		250.000,00

S	**9998** (9998) SBK		H
Büroe.	36.000,00	EK	60.000,00
Pkw	20.000,00	Darl.	36.000,00
Bank	40.000,00		
	96.000,00		96.000,00

AUFGABE 10

Aussage 3. ist falsch. Abschreibung: AK 96.000 € : 8 = 12.000 € x 9/12 = 9.000 €

Zusammenfassende Erfolgskontrolle

Tz.	Sollkonto	Betrag (€)	Habenkonto
1.	**0640** (0430) Ladeneinrichtung	8.000,00	**1800** (1200) Bank
2.	**1700** (1100) Postbank	10.500,00	**4650** (8510) Provisionsumsätze
3.	**7310** (2110) Zinsaufwendungen	280,00	**1800** (1200) Bank
4.	**6020** (4120) Gehälter	2.000,00	**1700** (1100) Postbank
5.	**1700** (1100) Postbank	110,00	**7100** (2650) Zinserträge
6.	**0520** (0320) Pkw	14.000,00	**1700** (1100) Postbank

S	**GuVK**		H
AfA (gesamt)	7.000,00	Provisionsumsätze	10.500,00
Gehälter	2.000,00	Zinserträge	110,00
Zinsaufwendungen	280,00		
Eigenkapital (**Gewinn**)	**1.330,00**		
	10.610,00		10.610,00

S	Schlussbilanzkonto (SBK)		H
Pkw	81.000,00	Eigenkapital	88.330,00
Ladeneinrichtung	21.000,00	Verbindlichkeiten aLuL	46.500,00
Postbank	14.610,00		
Kasse	1.500,00		
Bank	16.720,00		
	134.830,00		134.830,00

Aktiva	Bilanz zum 31.12.2026		Passiva
A. Anlagevermögen		**A. Eigenkapital**	88.330,00
I. Sachanlagen			
1. Betriebs- und Geschäftsausstattung	102.000,00	**B. Verbindlichkeiten**	
		1. Verbindlichkeiten aus Lieferungen u. Leist.	46.500,00
B. Umlaufvermögen			
1. Kassenbestand und Guthaben bei Kreditinst.	32.830,00		
	134.830,00		134.830,00

04.03.2027 *Karl Heinz Protz*

3.8 Warenkonten

AUFGABE 1

Tz.	Sollkonto	Betrag (€)	Habenkonto
1.	**5200** (3200) Wareneingang	5.000,00	**1600** (1000) Kasse
2.	**5200** (3200) Wareneingang	130.000,00	**3300** (1600) Verbindl. aLuL
3.	**1600** (1000) Kasse	8.000,00	**4200** (8200) Erlöse
4.	**1200** (1400) Forderungen aLuL	180.000,00	**4200** (8200) Erlöse
5.	**3300** (1600) Verbindl. aLuL	50.000,00	**1800** (1200) Bank
6.	**1800** (1200) Bank	60.000,00	**1200** (1400) Forderungen aLuL

Aktiva	(vereinfachte) Eröffnungsbilanz		Passiva
Ladeneinrichtung	25.000,00	Eigenkapital	215.000,00
Bestand Waren	80.000,00	Verbindlichkeiten aLuL	135.000,00
Forderungen	150.000,00		
Kasse	6.000,00		
Bank	89.000,00		
	350.000,00		350.000,00

Bestandskonten:

S	**0640** (0430) Ladeneinrichtung		H
SV	25.000,00	8)	5.000,00
		SBK	**20.000,00**
	25.000,00		25.000,00

S	**2000** (0800) Eigenkapital		H
SBK	**263.000,00**	SV	215.000,00
		GuVK	48.000,00
	263.000,00		263.000,00

S	**1140** (3980) Bestand Waren		H
SV	80.000,00	**SBK**	**80.000,00**

S	**1600** (1000) Kasse		H
SV	6.000,00	1)	5.000,00
3)	8.000,00	**SBK**	**9.000,00**
	14.000,00		14.000,00

S	**3300** (1600) Verbindlk. aLuL		H
5)	50.000,00	SV	135.000,00
SBK	**215.000,00**	2)	130.000,00
	265.000,00		265.000,00

S	**1800** (1200) Bank		H
SV	89.000,00	5)	50.000,00
6)	60.000,00	**SBK**	**99.000,00**
	149.000,00		149.000,00

S	**1200** (1400) Forderungen aLuL		H
SV	150.000,00	6)	60.000,00
4)	180.000,00	**SBK**	**270.000,00**
	330.000,00		330.000,00

Soll — 9000 (9000) Saldenvorträge (SV) — Haben

Soll		Haben	
Eigenkapital	215.000,00	Ladeneinrichtung	25.000,00
Verbindlichkeiten aLuL	135.000,00	Bestand Waren	80.000,00
		Forderungen aLuL	150.000,00
		Kasse	6.000,00
		Bank	89.000,00
	350.000,00		350.000,00

Erfolgskonten:

S **5200** (3200) Wareneingang H

S		H	
1)	5.000,00	**GuVK**	**135.000,00**
2)	130.000,00		
	135.000,00		135.000,00

S **4200** (8200) Erlöse H

S		H	
GuVK	**188.000,00**	3)	8.000,00
		4)	180.000,00
	188.000,00		188.000,00

S **6220** (4830) Abschreibungen H

S		H	
8)	5.000,00	**GuVK**	**5.000,00**

S **9999** (9999) **GuVK** H

S		H	
Wareneingang	135.000,00	Erlöse	188.000,00
Abschreibungen	5.000,00		
Eigenkapital (**Gewinn**)	**48.000,00**		
	188.000,00		188.000,00

S **9998** (9998) **SBK** H

S		H	
Ladeneinrichtung	20.000,00	Eigenkapital	263.000,00
Bestand Waren	80.000,00	Verbindlichkeiten aLuL	215.000,00
Forderungen aLuL	270.000,00		
Kasse	9.000,00		
Bank	99.000,00		
	478.000,00		478.000,00

AUFGABE 2

Tz.	Sollkonto	Betrag (€)	Habenkonto
1.	**5200** (3200) Wareneingang	80.000,00	**3300** (1600) Verbindl. aLuL
2.	**5200** (3200) Wareneingang	10.000,00	**1600** (1000) Kasse
3.	**1200** (1400) Forderungen aLuL	10.000,00	**4200** (8200) Erlöse
4.	**1600** (1000) Kasse	150.000,00	**4200** (8200) Erlöse
5.	**3300** (1600) Verbindl. aLuL	50.000,00	**1600** (1000) Kasse
6.	**1800** (1200) Bank	5.000,00	**1200** (1400) Forderungen aLuL

Bestandskonten:

S	**0640** (0430) Ladeneinrichtung		H
SV	25.000,00	8)	5.000,00
		SBK	**20.000,00**
	25.000,00		25.000,00

S	**2000** (0800) Eigenkapital		H
SBK	**93.000,00**	SV	26.000,00
		GuVK	67.000,00
	93.000,00		93.000,00

S	**1140** (3980) Bestand Waren		H
SV	8.000,00	**SBK**	**10.000,00**
WE	2.000,00		
	10.000,00		10.000,00

S	**1200** (1400) Forderungen aLuL		H
SV	10.000,00	6)	5.000,00
3)	10.000,00	**SBK**	**15.000,00**
	20.000,00		20.000,00

S	**3300** (1600) Verbindlk. aLuL		H
5)	50.000,00	SV	45.000,00
SBK	**75.000,00**	1)	80.000,00
	125.000,00		125.000,00

S	**1800** (1200) Bank		H
SV	13.000,00	**SBK**	**18.000,00**
6)	5.000,00		
	18.000,00		18.000,00

S	**1600** (1000) Kasse		H
SV	15.000,00	2)	10.000,00
4)	150.000,00	5)	50.000,00
		SBK	**105.000,00**
	165.000,00		165.000,00

Soll	**9000** (9000) **Saldenvorträge (SV)**		Haben
Eigenkapital	26.000,00	Ladeneinrichtung	25.000,00
Verbindlichkeiten aLuL	45.000,00	Bestand Waren	8.000,00
		Forderungen aLuL	10.000,00
		Kasse	15.000,00
		Bank	13.000,00
	71.000,00		71.000,00

Erfolgskonten:

S **5200** (3200) Wareneingang H

S		H	
1)	80.000,00	BM	2.000,00
2)	10.000,00	**GuVK**	**88.000,00**
	90.000,00		90.000,00

S **4200** (8200) Erlöse H

S		H	
GuVK	**160.000,00**	3)	10.000,00
		4)	150.000,00
	160.000,00		160.000,00

S **6220** (4830) Abschreibungen H

S		H	
8)	5.000,00	**GuVK**	**5.000,00**

S **9999** (9999) **GuVK** H

S		H	
Wareneingang	88.000,00	Erlöse	160.000,00
Abschreibungen	5.000,00		
Eigenkapital (**Gewinn**)	**67.000,00**		
	160.000,00		160.000,00

S **9998** (9998) **SBK** H

S		H	
Bestand Waren	10.000,00	Eigenkapital	93.000,00
Ladeneinrichtung	20.000,00	Verbindlichkeiten aLuL	75.000,00
Forderungen	15.000,00		
Kasse	105.000,00		
Bank	18.000,00		
	168.000,00		168.000,00

AUFGABE 3

1.

S **1140** (3980) Bestand Waren H

S		H	
SV	20.000,00	SBK	25.000,00
WE	5.000,00		
	25.000,00		25.000,00

S **5200** (3200) Wareneingang H

S		H	
	200.000,00	Best.W.	5.000,00
		GuVK	195.000,00
	200.000,00		200.000,00

S **4200** (8200) Erlöse H

S		H	
GuVK	440.000,00		440.000,00

S **9999** (9999) GuVK H

S		H	
Aufw.	150.000,00	Erträge	10.000,00
WE	195.000,00	Erlöse	440.000,00
EK	105.000,00		
	450.000,00		450.000,00

S **9998** (9998) SBK H

S		H	
Waren	25.000,00		

2.	Wareneinsatz:	Wareneinkauf	200.000,00 €
		- Bestandsmehrung	- 5.000,00 €
		= Wareneinsatz	**195.000,00€**
3.	Rohgewinn:	Erlöse	440.000,00 €
		- Wareneinsatz	195.000,00 €
		= Rohgewinn	**245.000,00€**
4.	Rohgewinnaufschlagsatz:	(245.000 € x 100) : 195.000 € =	**125,64%**
5.	Reingewinn:	Rohgewinn	245.000,00 €
		+ Erträge	10.000,00 €
		- Aufwendungen	- 150.000,00 €
		= Reingewinn	**105.000,00€**

AUFGABE 4

1.

S **1140** (3980) Bestand Waren H

S		H	
SV	20.000,00	SBK	10.000,00
		WE	10.000,00
	20.000,00		20.000,00

S **5200** (3200) Wareneingang H

S		H	
	200.000,00	GuVK	210.000,00
Best.W.	10.000,00		
	210.000,00		210.000,00

S **4200** (8200) Erlöse H

S		H
GuVK	340.000,00	340.000,00

S **9999** (9999) GuVK H

S		H	
Aufw.	180.000,00	Erträge	10.000,00
WE	210.000,00	Erlöse	340.000,00
		EK	40.000,00
	390.000,00		390.000,00

S **9998** (9998) SBK H

S		H
Waren	10.000,00	

2.	Wareneinsatz:	Wareneinkauf	200.000,00 €
		+ Bestandsminderung	10.000,00 €
		= Wareneinsatz	**210.000,00€**
3.	Rohgewinn:	Erlöse	340.000,00 €
		- Wareneinsatz	- 210.000,00 €
		= Rohgewinn	**130.000,00€**
4.	Rohgewinnaufschlagsatz:	(130.000 € x 100) : 210.000 € =	**61,90%**
5.	Reingewinn:	Rohgewinn	130.000,00 €
		+ Erträge	10.000,00 €
		- Aufwendungen	- 180.000,00 €
		= Reinverlust	**- 40.000,00€**

AUFGABE 5

Der Wareneinkauf (Wareneingang) beträgt **320.000 €** (300.000 € + 20.000 €).

AUFGABE 6

Die Aussagen 2. und 3. sind richtig.

AUFGABE 7

Die Aussage 2. ist falsch (s. LB S. 95). Das Konto „Wareneingang" ist ein Aufwandskonto.

Zusammenfassende Erfolgskontrolle

Tz.	Sollkonto	Betrag (€)	Habenkonto
1.	**5200** (3200) Wareneingang	2.000,00	**1600** (1000) Kasse
2.	**5200** (3200) Wareneingang	120.000,00	**3300** (1600) Verbindl. aLuL
3.	**3300** (1600) Verbindl. aLuL	20.000,00	**1800** (1200) Bank
4.	**1600** (1000) Kasse	3.000,00	**4200** (8200) Erlöse
5.	**1200** (1400) Forderungen aLuL	160.000,00	**4200** (8200) Erlöse
6.	**1800** (1200) Bank	30.000,00	**1200** (1400) Forderungen aLuL

S **GuVK** H

S		H	
Wareneingang	142.000,00	Erlöse	163.000,00
Abschreibung	5.000,00		
Eigenkapital (**Gewinn**)	**16.000,00**		
	163.000,00		163.000,00

S Schlussbilanzkonto (SBK) H

S		H	
Ladeneinrichtung	15.000,00	Eigenkapital	158.000,00
Waren	60.000,00	Verbindlichkeiten aLuL	150.000,00
Forderungen aLuL	190.000,00		
Kasse	24.000,00		
Bank	19.000,00		
	308.000,00		308.000,00

Aktiva **Bilanz** zum 31.12.2026 Passiva

Aktiva		Passiva	
A. Anlagevermögen		**A. Eigenkapital**	158.000,00
I. Sachanlagen			
1. Betriebsausstattung	15.000,00	**B. Verbindlichkeiten**	
		1. Verbindlichkeiten aus Lieferungen und Leistungen	150.000,00
B. Umlaufvermögen			
I. Vorräte			
1. Waren	60.000,00		
II. Forderungen			
1. Forderungen aLuL	190.000,00		
III. Kassenbestand und Guthaben bei Kreditinstituten	43.000,00		
	308.000,00		308.000,00

04.03.2027 *Günter Seemann*

3.9 Umsatzsteuerkonten

AUFGABE 1

Wirtschaftsstufe bzw. Phase	Rechnungsbetrag €	USt (Traglast) €	Vorsteuerabzug €	**Umsatzsteuerschuld (Zahllast)** €	Wertschöpfung = Mehrwert €
A Urerzeuger	Nettopreis 5.000,00 + 19 % USt 950,00 = Verkaufspreis 5.950,00	950,00	—	**950,00**	5.000,00
B Weiterverarbeiter	+ Nettopreis 8.500,00 19 % USt 1.615,00 = Verkaufspreis 10.115,00	1.615,00	950,00	**665,00**	3.500,00
C Großhändler	Nettopreis 10.000,00 + 19 % USt 1.900,00 = Verkaufspreis 11.900,00	1.900,00	1.615,00	**285,00**	1.500,00
D Einzelhändler	Nettopreis 12.500,00 + 19 % USt **2.375,00** = Verkaufspreis **14.875,00**	2.375,00	1.900,00	**475,00**	2.500,00
	Die Summe der Umsatzsteuerschulden beträgt			**2.375,00**	

Sie stimmt mit der USt überein, die im Verkaufspreis der letzten Stufe (**D**) enthalten ist.

AUFGABE 2

Tz.	Sollkonto	Betrag (€)	Habenkonto
1.	**5200** (3200) Wareneingang **1406** (1576) Vorsteuer	1.000,00 190,00	**3300** (1600) Verbindl. aLuL **3300** (1600) Verbindl. aLuL
2.	**0520** (0320) Pkw **1406** (1576) Vorsteuer	30.000,00 5.700,00	**3300** (1600) Verbindl. aLuL **3300** (1600) Verbindl. aLuL
3.	**6815** (4930) Bürobedarf **1406** (1576) Vorsteuer	400,00 76,00	**1600** (1000) Kasse **1600** (1000) Kasse

AUFGABE 3

Buchungssatz:

6815 (4930) Bürobedarf an **1600** (1000) Kasse 357 €

Anmerkung: Da keine ordnungsgemäße Rechnung vorliegt, ist Müller nicht zum Vorsteuerabzug berechtigt. Die Rechnung kann jedoch vom Aussteller berichtigt werden.

AUFGABE 4

1. Die Sondervorauszahlung für 2026 beträgt 2.730 € (1/11 von 30.033 €).
2. Buchungssatz:

   3830 (1781) USt-Vorauszahlungen 1/11 an **1800** (1200) Bank 2.730 €

AUFGABE 5

S	**1406** (1576) Vorsteuer		H
	120.000,00	USt	120.000,00

S	**3806** (1776) Umsatzsteuer		H
VoSt.	120.000,00		200.000,00
SBK	80.000,00		
	200.000,00		200.000,00

S	**9998** (9998) Schlussbilanzkonto		H
		USt	80.000,00

AUFGABE 6

1.

Tz.	Sollkonto	Betrag (€)	Habenkonto
1.	**1600** (1000) Kasse	2.023,00	
		1.700,00	**4200** (8200) Erlöse
		323,00	**3806** (1776) USt
2.	**5200** (3200) Wareneingang	5.000,00	
	1406 (1576) Vorsteuer	950,00	
		5.950,00	**3300** (1600) Verbindlichk. aLuL
3.	**1200** (1400) Forderungen aLuL	7.140,00	
		6.000,00	**4200** (8200) Erlöse
		1.140,00	**3806** (1776) USt
4.	**1600** (1000) Kasse	952,00	
		800,00	**4200** (8200) Erlöse
		152,00	**3806** (1776) USt
5.	**1800** (1200) Bank	7.140,00	**1200** (1400) Forderungen

2.

	USt (323 € + 1.140 € + 152 €)	1.615 €
-	Vorsteuer (950 €)	- 950 €
=	Umsatzsteuerschuld (Zahllast)	**665 €**

AUFGABE 7

§ 13 Abs. 1 Nr. 1a Satz 4 UStG:

Sollkonto	Betrag (€)	Habenkonto
1800 (1200) Bank	59.500,00 50.000,00 9.500,00	 **3272** (1710) Erh. Anzahlungen **3806** (1776) USt

AUFGABE 8

§ 15 Abs. 1 Nr. 1 Satz 3 UStG: Voraussetzung zum VorSt-Abzug (Rechnung) nicht erfüllt

Sollkonto	Betrag (€)	Habenkonto
1180 (1510) Geleist. Anzahl.	59.500,00	**1800** (1200) Bank

Zusammenfassende Erfolgskontrolle

Tz.	Sollkonto	Betrag (€)	Habenkonto
1.	**5200** (3200) Wareneingang **1406** (1576) Vorsteuer	10.000,00 1.900,00 11.900,00	 **3300** (1600) Verbindl. aLuL
2.	**3841** (1790) USt-Verbindl. VJ	5.000,00	**1800** (1200) Bank
3.	**1200** (1400) Forderungen aLuL	5.950,00 5.000,00 950,00	 **4200** (8200) Erlöse **3806** (1776) USt
4.	**6470** (4805) Reparaturen **1406** (1576) Vorsteuer	66,00 12,54 78,54	 **3300** (1600) Verbindl. aLuL
5.	**1800** (1200) Bank	13.560,00	**1200** (1400) Forderungen aLuL
6.	**6815** (4930) Bürobedarf **1406** (1576) Vorsteuer	88,00 16,72 104,72	 **1600** (1000) Kasse
7.	**3300** (1600) Verbindl. aLuL	11.500,00	**1800** (1200) Bank
8.	**0520** (0320) Pkw **1406** (1576) Vorsteuer	23.000,00 4.370,00 27.370,00	 **3300** (1600) Verbindl. aLuL
9.	**6500** (4500) Fahrzeugkosten **1406** (1576) Vorsteuer	50,00 9,50 59,50	 **1600** (1000) Kasse
10.	**1200** (1400) Forderungen aLuL	53.550,00 45.000,00 8.550,00	 **4200** (8200) Erlöse **3806** (1776) USt

S	GuVK		H
Abschreibung	10.000,00	Erlöse	50.000,00
Wareneingang	5.000,00		
Reparaturen	66,00		
Bürobedarf	88,00		
Fahrzeugkosten	50,00		
Eigenkapital (**Gewinn**)	**34.796,00**		
	50.000,00		50.000,00

S	Schlussbilanzkonto (SBK)		H
Pkw	28.000,00	Eigenkapital	124.796,00
Ladeneinrichtung	5.000,00	Verbindlichkeiten aLuL	42.848,54
Waren	55.000,00	USt	3.191,24
Forderungen aLuL	65.940,00		
Kasse	4.835,78		
Bank	12.060,00		
	170.835,78		170.835,78

Aktiva	**Bilanz** zum 31.12.2026		Passiva
A. Anlagevermögen		**A. Eigenkapital**	124.796,00
I. Sachanlagen			
1. Betriebs- und Geschäftsausstattung	33.000,00	**B. Verbindlichkeiten**	
		1. Verbindlichkeiten aus Lieferungen und Leistungen	42.848,54
B. Umlaufvermögen			
I. Vorräte		2. sonstige Verbindlichkeiten	3.191,24
1. Waren	55.000,00		
II. Forderungen			
1. Forderungen aLuL	65.940,00		
III. Kassenbestand und Guthaben bei Kreditinstituten	16.895,78		
	170.835,78		170.835,78

04.03.2027 *Kurt Menning*

3.10 Privatkonten

AUFGABE 1

1. Es liegen eine **Entnahme und** eine steuerpflichtige **unentgeltliche Leistung** vor.
2. Es liegen eine **Entnahme und** eine steuerpflichtige **unentgeltliche Leistung** vor.
3. Es liegt eine **Entnahme**, **aber keine** steuerpflichtige **unentgeltliche Leistung** vor.
4. Es liegt eine **Entnahme**, **aber keine** steuerpflichtige **unentgeltliche Leistung** vor.

AUFGABE 2

Die Bemessungsgrundlage beträgt **120 €**. Teilwert (§ 6 Abs. 1 Nr. 4 EStG) und Bemessungsgrundlage (§ 10 Abs. 4 UStG) sind in diesem Fall gleich.

AUFGABE 3

Die Bemessungsgrundlage beträgt für 2026:

	steuerpflichtige Umsätze		
	zu 7 %	zu 19 %	insgesamt
Ehemann	3.173,00 €	828,00 €	4.001,00 €
Ehefrau	3.173,00 €	828,00 €	4.001,00 €
15-jähriger Sohn	3.173,00 €	828,00 €	4.001,00 €
3-jährige Tochter	1.586,50 €	414,00 €	2.000,50 €
Bemessungsgrundlage für 2026	**11.105,50 €**	**2.898,00 €**	**14.003,50 €**

AUFGABE 4

Die Jahres-Bemessungsgrundlage für die Benutzung des Fahrzeugs beträgt **1.200 €** (10 % von 12.000 €). KfzSt und KfzVers sind nicht mit VorSt belastet.

AUFGABE 5

Die Jahres-Bemessungsgrundlage für die Benutzung des Fahrzeugs beträgt **1.320 €** (30 % von 4.400 €).

AUFGABE 6

Die Bemessungsgrundlage für die unentgeltliche sonstige Leistung beträgt **7.000 €** (5.000 € + 2.000 €).

AUFGABEN 7 BIS 10

Tz.	Sollkonto	Betrag (€)	Habenkonto
7.	**2100** (1800) Privatentnahmen	120,00	**4620** (8910) Entnahme durch den U
	2100 (1800) Privatentnahmen	22,80	**3806** (1776) USt **19 %**
8.	**2100** (1800) Privatentnahmen	7.885,50	**4610** (8915) Entnahme durch den U
	2100 (1800) Privatentnahmen	6.030,50	**4620** (8910) Entnahme durch den U
	2100 (1800) Privatentnahmen	551,99	**3801** (1771) USt **7 %**
	2100 (1800) Privatentnahmen	1.145,80	**3806** (1776) USt **19 %**
9.	**2100** (1800) Privatentnahmen	1.200,00	**4645** (8921) Verwendung von G.
	2100 (1800) Privatentnahmen	228,00	**3806** (1776) USt **19 %**
	2100 (1800) Privatentnahmen	400,00	**4639** (8924) Verw. v. G. ohne USt
10.	**2100** (1800) Privatentnahmen	1.320,00	**4645** (8921) Verwendung von G.
	2100 (1800) Privatentnahmen	250,80	**3806** (1776) USt **19 %**
	2100 (1800) Privatentnahmen	2.430,00	**4639** (8924) Verw. v. G. ohne USt

AUFGABE 11

Sollkonto	Betrag (€)	Habenkonto
6805 (4920) Telefon **1406** (1576) Vorsteuer 19 % **2100** (1800) Privatentnahmen	360,00* 68,40** 47,60*** 476,00	**1800** (1200) Bank

* 400 € - 40,00 € (10 % von 400 €) = 360,00 €
** 76 € - 7,60 € (10 % von 76 €) = 68,40 €
*** 40 € + 7,60 € = 47,60 €

AUFGABE 12

Sollkonto	Betrag (€)	Habenkonto
2100 (1800) Privatentnahmen	7.000,00	**4660** (8925) Unentgeltliche Erb. einer s.L.
2100 (1800) Privatentnahmen	1.330,00	**3806** (1776) USt 19 %

AUFGABE 13

S **1800** (1200) Bank H

S		H	
	78.000,00	SBK	78.000,00

S **2000** (0800) Eigenkapital H

S		H	
Entn.	40.000,00		50.000,00
SBK	70.000,00	Einlag.	10.000,00
		GuV	50.000,00
	110.000,00		110.000,00

S Aufwendungen H

S		H	
	200.000,00	GuV	200.000,00

S Erträge H

S		H	
GuV	250.000,00		250.000,00

S **1406** (1576) Vorsteuer H

S		H	
	32.000,00	USt	32.000,00

S **3806** (1776) Umsatzsteuer H

S		H	
VoSt	32.000,00		40.000,00
SBK	8.000,00		
	40.000,00		40.000,00

S **2100** (1800) Privatentnahmen H

S		H	
	40.000,00	EK	40.000,00

S **2180** (1890) Privateinlagen H

S		H	
EK	10.000,00		10.000,00

S **9999** (9999) GuVK H

S		H	
Aufw.	200.000,00	Erträge	250.000,00
EK	50.000,00		
	250.000,00		250.000,00

S **9998** (9998) SBK H

S		H	
Bank	78.000,00	EK	70.000,00
		USt	8.000,00
	78.000,00		78.000,00

AUFGABE 14

Sollkonto	Betrag (€)	Habenkonto
2100 (1800) Privatentnahmen	2.000,00	**1600** (1200) Kasse
1600 (1200) Kasse	800,00	**2180** (1890) Privateinlagen

AUFGABE 15

Sollkonto	Betrag (€)	Habenkonto
0215 (0065) Unbeb. Grundst.	380.000,00	**2180** (1890) Privateinlagen

Durch die betriebliche Nutzung erfolgt eine Einlage; das Grundstück wird zum notwendigen Betriebsvermögen (R 4.2 Abs. 1 Satz 1 EStR 2012).

Die Bewertung erfolgt mit dem Teilwert (§ 6 Abs. 1 Nr. 5 EStG).

AUFGABE 16

Sollkonto	Betrag (€)	Habenkonto
2100 (1800) Privatentnahmen	200,00	**4605** (8905) Entnahme von Gegenständen ohne USt

Die Entnahme erfolgt aus dem Betriebs-, nicht aus dem Unternehmensvermögen (Innenumsatz).

Zusammenfassende Erfolgskontrolle

Tz.	Sollkonto	Betrag (€)	Habenkonto
1.	**6310** (4210) Miete	300,00	**1800** (1200) Bank
2.	**3300** (1600) Verbindl. aLuL	5.000,00	**2180** (1890) Privateinlagen
3.	**2100** (1800) Privatentnahmen	350,00	**1600** (1000) Kasse
4.	**2100** (1800) Privatentnahmen	1.000,00	**1800** (1200) Bank
5.	**2100** (1800) Privatentnahmen	250,00	**1800** (1200) Bank
6.	**0215** (0065) Unbebaute Grundst.	10.000,00	**2180** (1890) Privateinlagen
7.	**6805** (4920) Telefon **1406** (1576) Vorsteuer **2100** (1800) Privatentnahmen	765,00* 145,35** 101,15***	**1800** (1200) Bank **1800** (1200) Bank **1800** (1200) Bank
8.	**1800** (1200) Bank	1.500,00	**7100** (2650) Zinserträge
9.	**6010** (4110) Löhne	2.000,00	**1600** (1000) Kasse
10.	**2100** (1800) Privatentnahmen	750,00	**1600** (1000) Kasse
11.	**5200** (3200) Wareneingang **1406** (1576) Vorsteuer	320.000,00 60.800,00 380.800,00	 **3300** (1600) Verbindl. aLuL
12.	**1600** (1000) Kasse	523.600,00 440.000,00 83.600,00	 **4200** (8200) Erlöse **3806** (1776) USt
13.	**1800** (1200) Bank	490.000,00	**1600** (1000) Kasse
14.	**3300** (1600) Verbindl. aLuL	366.800,00	**1800** (1200) Bank
15.	**2100** (1800) Privatentnahmen	5.712,00 4.800,00 912,00	 **4620** (8910) Entnahme d. den U **3806** (1776) USt
16.	**2100** (1800) Privatentnahmen **2100** (1800) Privatentnahmen **2100** (1800) Privatentnahmen	400,00 76,00 150,00	**4645** (8921) Verwendung von G. **3806** (1776) USt **4639** (8924) Verw. v. G. ohne USt
17.	Buchung entfällt (siehe Tz. 7)	0,00	

* 850,00 € - 85,00 € = **765,00 €**
** 161,50 € - 16,15 € (10 % von 161,50 €) = **145,35 €**
*** 85,00 € + 16,15 € = **101,15 €**

S	GuVK		H
Wareneingang	335.000,00	Erlöse	440.000,00
Abschreibungen (insgesamt)	10.000,00*	Zinserträge	1.500,00
Miete	300,00	Entnahme durch den U	4.800,00
Telefon	765,00	Verwendung von Gegenst.	400,00
Löhne	2.000,00	Verwendung v. G. ohne USt	150,00
Eigenkapital (**Gewinn**)	**98.785,00**		
	446.850,00		446.850,00

* 5.000 € + 5.000 € = 10.000 €

S	Schlussbilanzkonto (SBK)		H
Unbebaute Grundstücke	10.000,00	Eigenkapital	319.995,85
Pkw	15.000,00	Verbindlichkeiten aLuL	24.000,00
Ladeneinrichtung	20.000,00	USt	23.642,65
Waren	135.000,00		
Forderungen aLuL	10.000,00		
Kasse	35.500,00		
Bank	142.138,50		
	367.638,50		367.638,50

	Eigenkapital am Ende des Wirtschaftsjahres		319.995,85 €
	Eigenkapital am Anfang des Wirtschaftsjahres		215.000,00 €
	Unterschiedsbetrag		104.995,85 €
+	Privatentnahmen	+	8.789,15 €
-	Privateinlagen	-	15.000,00 €
=	**Gewinn**		**98.785,00 €**

Aktiva	**Bilanz** zum 31.12.2026		Passiva
A. Anlagevermögen		**A. Eigenkapital**	319.995,85
I. Sachanlagen			
1. Grundstücke und Bauten	10.000,00	**B. Verbindlichkeiten**	
2. Betriebs- und Geschäftsausstattung	35.000,00	1. Verbindlichkeiten aus Lieferungen und Leistungen	24.000,00
B. Umlaufvermögen		2. sonstige Verbindlichkeiten	23.642,65
I. Vorräte			
1. Waren	135.000,00		
II. Forderungen			
1. Forderungen aLuL	10.000,00		
III. Kassenbestand und Guthaben bei Kreditinstituten	177.638,50		
	367.638,50		367.638,50

10.03.2027 *Kurt Stein*

3.11 Hauptabschlussübersicht

AUFGABE 1

Konten- Nr.	Bezeichnung	Summenbilanz S	Summenbilanz H	Saldenbilanz I S	Saldenbilanz I H	Umbuchungen S	Umbuchungen H	Saldenbilanz II S	Saldenbilanz II H	Schlussbilanz A	Schlussbilanz P	GuV-Rechnung A	GuV-Rechnung E
0085	**Beb. Grundstücke**	25.000		25.000				25.000		25.000			
0090	**Geschäftsbauten**	175.000		175.000			15.000	160.000		160.000			
0320	**Pkw**	50.000		50.000			10.000	40.000		40.000			
0420	**Büroeinrichtung**	42.000		42.000			4.000	38.000		38.000			
0800	**Eigenkapital**		388.900		388.900	6.950			381.950		381.950		
1000	**Kasse**	40.940	16.238	24.702				24.702		24.702			
1200	**Bank**	87.700	44.640	43.060				43.060		43.060			
1400	**Forderungen aLuL**	265.400		265.400				265.400		265.400			
1576	**Vorsteuer**	19.038		19.038			19.038						
1600	**Verbindlichk. aLuL**	34.800	153.800		119.000				119.000		119.000		
1776	**USt**		44.650		44.650	19.038			25.612		25.612		
1800	**Privatentnahme**	6.950		6.950			6.950						
3200	**Wareneingang**	100.000		100.000			5.000	95.000				95.000	
3841	**USt Verbindl. VJ**	8.640	8.640										
3980	**Bestand Waren**	20.000		20.000		5.000		25.000		25.000			
4110	**Löhne**	15.000		15.000				15.000				15.000	
4210	**Miete**	1.200		1.200				1.200				1.200	
4500	**Fahrzeugkosten**	200		200				200				200	
4830	**Abschreibungen**					29.000		29.000				29.000	
8200	**Erlöse**		230.000		230.000				230.000				230.000
8910	**Entnahme v. Geg.**		5.000		5.000				5.000				5.000
		891.868	891.868	787.550	787.550	59.988	59.988	761.562	761.562	621.162	526.562	140.400	235.000
									Gewinn		**94.600**	**94.600**	
										621.162	621.162	235.000	235.000

AUFGABE 2

Konten-		Summenbilanz		Saldenbilanz I		Umbuchungen		Saldenbilanz II		Schlussbilanz		GuV-Rechnung	
Nr.	Bezeichnung	S	H	S	H	S	H	S	H	A	P	A	E
0215	**Unbeb. Grundstücke**	180.000		180.000				180.000		180.000			
0520	**Pkw**	30.000		30.000			8.000	22.000		22.000			
1140	**Bestand Waren**					10.000		10.000		10.000			
1200	**Forderungen aLuL**	50.000	20.000	30.000				30.000		30.000			
1406	**Vorsteuer**	17.000	10.100	6.900			6.900						
1600	**Kasse**	10.500	5.000	5.500				5.500		5.500			
1800	**Bank**	87.700	27.200	60.500				60.500		60.500			
2000	**Eigenkapital**		134.000		134.000	800			133.200		133.200		
2100	**Privatentnahme**	800		800			800						
3300	**Verbindlichk. aLuL**	10.300	113.300		103.000				103.000		103.000		
3806	**USt**	19.000	39.300		20.300	6.900			13.400		13.400		
4200	**Erlöse**		100.000		100.000				100.000				100.000
5200	**Wareneingang**	20.000	600	19.400			10.000	9.400				9.400	
6010	**Löhne**	14.000		14.000				14.000				14.000	
6020	**Gehälter**	2.000		2.000				2.000				2.000	
6222	**Abschreibungen**					8.000		8.000				8.000	
6305	**Raumkosten**	1.200		1.200				1.200				1.200	
6500	**Fahrzeugkosten**	7.000		7.000				7.000				7.000	
		449.500	449.500	357.300	357.300	25.700	25.700	349.600	349.600	308.000	249.600	41.600	100.000
									Gewinn		**58.400**	**58.400**	
										308.000	308.000	100.000	100.000

4 Beschaffung und Absatz

4.1 Warenbezugskosten

AUFGABE 1

Tz.	Sollkonto	Betrag (€)	Habenkonto
1.	**5200** (3200) Wareneingang **5800** (3800) BNK **1406** (1576) Vorsteuer	3.000,00 100,00 589,00 3.689,00	 **3300** (1600) Verbindl. aLuL
2.	**5200** (3200) Wareneingang **5800** (3800) BNK **5820** (3830) Leergut **1406** (1576) Vorsteuer	2.000,00 200,00 900,00 589,00 3.689,00	 **3300** (1600) Verbindl. aLuL
3.	**3300** (1600) Verbindl. aLuL	714,00 600,00 114,00	 **5820** (3830) Leergut **1406** (1576) Vorsteuer
4.	**5200** (3200) Wareneingang **1406** (1576) Vorsteuer	1.000,00 190,00 1.190,00	 **1800** (1200) Bank
5.	**5800** (3800) BNK **1406** (1576) Vorsteuer	100,00 19,00 119,00	 **1600** (1000) Kasse
6.	**5800** (3800) BNK **1406** (1576) Vorsteuer	170,00 32,30 202,30	 **1800** (1200) Bank
7.	**5800** (3800) BNK **1406** (1576) Vorsteuer	40,00 7,60 47,60	 **1600** (1000) Kasse
8.	**5800** (3800) BNK	75,00	**1700** (1100) Postbank

AUFGABE 2

Zwei Personalcomputer gehören zum Anlagevermögen und können mit ihren Anschaffungskosten (1.200 € + 40 € ANK = **1.240 €** x 2 = 2.480 €) als sonstige Betriebs- und Geschäftsausstattung (BGA) aktiviert werden.

Korrekturbuchung:

Sollkonto	Betrag (€)	Habenkonto
0690 (0490) Sonstige BGA	2.400,00	**5200** (3200) Wareneingang
0690 (0490) Sonstige BGA	80,00	**5800** (3800) BNK

AUFGABE 3

Die Einfuhrumsatzsteuer ist als Vorsteuer abzugsfähig (§ 15 Abs. 1 Nr. 2 UStG), der gezahlte Zoll gehört zu den Bezugsnebenkosten.

Korrekturbuchung:

Sollkonto	Betrag (€)	Habenkonto
1433 (1588) Einfuhrumsatzsteuer **5840** (3850) Zölle	5.776,00 400,00	**7675** (4350) Verbrauchsteuer **7675** (4350) Verbrauchsteuer

AUFGABE 4

Die Aussage (b) ist richtig:

(b) Warenbezugsnebenkosten erhöhen den Wareneinsatz.

AUFGABE 5

Tz.	Soll	Haben	Gegenkonto	Konto
1.	3.570,00 	 119,00	71601 90**5800** (3800)	**5400** (3400) 71601
2.		47,60	90**5800** (3800)	**1600** (1000)
3.		75,00	**5800** (3800)	**1700** (1100)

AUFGABE 6

	Anfangsbestand	10.000,00 €
+	Wareneingang	100.000,00 €
+	Bezugsnebenkosten	1.000,00 €
		111.000,00 €
-	Endbestand	- 20.000,00 €
=	**Wareneinsatz**	91.000,00 €

Der Rohgewinn beträgt:
Umsatzerlöse 200.000 € - Wareneinsatz 91.000 € = 109.000 €

Zusammenfassende Erfolgskontrolle

Tz.	Sollkonto	Betrag (€)	Habenkonto
1.	**5200** (3200) Wareneingang **1406** (1576) Vorsteuer	5.500,00 1.045,00 6.545,00	 **3300** (1600) Verbindl. aLuL
	5800 (3800) BNK **1406** (1576) Vorsteuer	80,00 15,20 95,20	 **1600** (1000) Kasse
2.	**3806** (1776) USt	10.000,00	**1800** (1200) Bank
3.	**1800** (1200) Bank	16.950,00	**1200** (1400) Forderungen aLuL
4.	**5200** (3200) Wareneingang **5800** (3800) BNK **5820** (3830) Leergut **1406** (1576) Vorsteuer	5.000,00 280,00 600,00 1.117,20 6.997,20	 **3300** (1600) Verbindl. aLuL
5.	**3300** (1600) Verbindl. aLuL	476,00 400,00 76,00	 **5820** (3830) Leergut **1406** (1576) Vorsteuer
6.	**3300** (1600) Verbindl. aLuL	7.910,00	**1800** (1200) Bank
7.	**1200** (1400) Forderungen aLuL	59.500,00 50.000,00 9.500,00	 **4200** (8200) Erlöse **3806** (1776) USt

S	**GuVK**		H
Wareneingang	31.060,00	Erlöse	50.000,00
Abschreibungen	5.000,00		
Eigenkapital (**Gewinn**)	**13.940,00**		
	50.000,00		50.000,00

S	Schlussbilanzkonto (SBK)		H
Ladeneinrichtung	20.000,00	Eigenkapital	233.940,00
Waren	130.000,00	Verbindlichkeiten aLuL	32.156,20
Forderungen aLuL	99.050,00	USt	7.398,60
Kasse	9.904,80		
Bank	14.540,00		
	273.494,80		273.494,80

Bilanz zum 31.12.2026

Aktiva		Passiva	
A. Anlagevermögen		**A. Eigenkapital**	233.940,00
I. Sachanlagen			
1. Betriebs- und Geschäftsausstattung	20.000,00	**B. Verbindlichkeiten**	
B. Umlaufvermögen		1. Verbindlichkeiten aus Lieferungen und Leistungen	32.156,20
I. Vorräte		2. sonstige Verbindlichkeiten	7.398,60
1. Waren	130.000,00		
II. Forderungen			
1. Forderungen aLuL	99.050,00		
III. Kassenbestand und Guthaben bei Kreditinstituten	24.444,80		
	273.494,80		273.494,80

09.03.2027 *Christian Bäumler*

4.2 Warenvertriebskosten

AUFGABE 1

Tz.	Sollkonto	Betrag (€)	Habenkonto
1.	**6710** (4710) Verpackungsmaterial **1406** (1576) Vorsteuer	200,00 38,00 238,00	 **3300** (1600) Verbindl. aLuL
2.	**6740** (4730) Ausgangsfracht **1406** (1576) Vorsteuer	500,00 95,00 595,00	 **3300** (1600) Verbindl. aLuL
3.	**6710** (4710) Verpackungsmaterial **1406** (1576) Vorsteuer	300,00 57,00 357,00	 **1600** (1000) Kasse
4.	**6770** (4760) Verkaufsprovision **1406** (1576) Vorsteuer	600,00 114,00 714,00	 **1800** (1200) Bank
5.	**6760** (4750) Transportversicherung	150,00	**1600** (1000) Kasse
6.	**1200** (1400) Forderungen aLuL	6.545,00 5.500,00 1.045,00	 **4200** (8200) Erlöse **3806** (1776) USt
7.	**6740** (4730) Ausgangsfracht **1406** (1576) Vorsteuer	95,00 18,05 113,05	 **1600** (1000) Kasse

AUFGABE 2

Korrekturbuchungssatz:

Sollkonto	Betrag (€)	Habenkonto
6740 (4730) Ausgangsfrachten	1.000,00	**5800** (3800) Bezugsnebenkosten

Die Vorsteuer ist richtig erfasst.

AUFGABE 3

1. Provisionsabrechnung:

	Vermittlungsprovision (1,5 % von 200.000 €)	3.000 €
+	19 % USt	570 €
		3.570 €

2. Ausgangsrechnung für Willi Kurz:

Sollkonto	Betrag (€)	Habenkonto
1200 (1400) Forderungen aLuL	3.000,00	**4560** (8510) Provisionsumsätze
1200 (1400) Forderungen aLuL	570,00	**3806** (1776) Umsatzsteuer

3. Eingangsrechnung für Susanne Meier:

Sollkonto	Betrag (€)	Habenkonto
6770 (4760) Verkaufsprovisionen	3.000,00	**3300** (1600) Verbindlichkeiten aLuL
1406 (1576) Vorsteuer	570,00	**3300** (1600) Verbindlichkeiten aLuL

AUFGABE 4

1. Eingangsrechnung bei der Schulz KG

Sollkonto	Betrag (€)	Habenkonto
6740 (4730) Ausgangsfrachten	500,00	**3300** (1600) Verbindlichkeiten aLuL
1406 (1576) Vorsteuer	95,00	**3300** (1600) Verbindlichkeiten aLuL

2. Ausgangsrechnung bei der Schulz KG

Sollkonto	Betrag (€)	Habenkonto
1200 (1400) Forderungen aLuL	500,00	**4200** (8200) Erlöse
1200 (1400) Forderungen aLuL	95,00	**3806** (1776) Umsatzsteuer

AUFGABE 5

Die Aussage (c) ist richtig:

(c) Das Konto „Ausgangsfrachten" wird über das GuV-Konto abgeschlossen.

AUFGABE 6

Tz.	Soll	Haben	Gegenkonto	Konto
1.		595,00	90**6710** (4710)	**1800** (1200)
2.		166,60	90**6740** (4730)	**1600** (1000)

AUFGABE 7

Sollkonto	Betrag (€)	Habenkonto
6740 (4730) Ausgangsfrachten **6780** (4780) Fremdleistungen	119,00 357,00	**1600** (1000) Kasse **1600** (1000) Kasse

Zusammenfassende Erfolgskontrolle

Tz.	Sollkonto	Betrag (€)	Habenkonto
1.	**5200** (3200) Wareneingang **1406** (1576) Vorsteuer	5.000,00 950,00 5.950,00	 **3300** (1600) Verbindl. aLuL
2.	**1200** (1400) Forderungen aLuL	9.520,00 8.000,00 1.520,00	 **4200** (8200) Erlöse **3806** (1776) USt
3.	**6740** (4730) Ausgangsfrachten **1406** (1576) Vorsteuer	500,00 95,00 595,00	 **1600** (1000) Kasse
4.	**6710** (4710) Verpackungsmaterial **1406** (1576) Vorsteuer	600,00 114,00 714,00	 **1600** (1000) Kasse
5.	**1800** (1200) Bank	22.600,00	**1200** (1400) Forderungen aLuL
6.	**3806** (1776) USt	11.000,00	**1800** (1200) Bank
7.	**1600** (1000) Kasse	116,62 98,00 18,62	 **4200** (8200) Erlöse **3806** (1776) USt
8.	**1200** (1400) Forderungen aLuL	3.570,00 3.000,00 570,00	 **4200** (8200) Erlöse **3806** (1776) USt
9.	**6740** (4730) Ausgangsfrachten **1406** (1576) Vorsteuer	400,00 76,00 476,00	 **1600** (1000) Kasse

S	GuVK		H
Wareneingang	6.000,00	Erlöse	11.098,00
Verpackungsmaterial	600,00		
Ausgangsfrachten	900,00		
Abschreibungen	2.000,00		
Eigenkapital (**Gewinn**)	**1.598,00**		
	11.098,00		11.098,00

S	Schlussbilanzkonto (SBK)		H
Ladeneinrichtung	24.000,00	Eigenkapital	224.598,00
Waren	150.000,00	Verbindlichkeiten aLuL	33.950,00
Forderungen aLuL	47.990,00	USt	873,62
Kasse	9.331,62		
Bank	28.100,00		
	259.421,62		259.421,62

Aktiva	**Bilanz** zum 31.12.2026		Passiva
A. Anlagevermögen		**A. Eigenkapital**	224.598,00
I. Sachanlagen			
1. Betriebs- und Geschäftsausstattung	24.000,00	**B. Verbindlichkeiten**	
		1. Verbindlichkeiten aus Lieferungen und Leistungen	33.950,00
B. Umlaufvermögen			
I. Vorräte		2. sonstige Verbindlichkeiten	873,62
1. Waren	150.000,00		
II. Forderungen			
1. Forderungen aLuL	47.990,00		
III. Kassenbestand und Guthaben bei Kreditinstituten	37.431,62		
	259.421,62		259.421,62

09.03.2027 *Bauer*

4.3 Warenrücksendung und Gutschriften

AUFGABE 1

Tz.	Sollkonto	Betrag (€)	Habenkonto
1.	**5200** (3200) Wareneingang **1406** (1576) Vorsteuer	5.000,00 950,00 5.950,00	 **3300** (1600) Verbindl. aLuL
2.	**1200** (1400) Forderungen aLuL	11.900,00 10.000,00 1.900,00	 **4200** (8200) Erlöse **3806** (1776) USt
3.	**4200** (8200) Erlöse **3806** (1776) USt	400,00 76,00 476,00	 **1200** (1400) Forderungen aLuL
4.	**3300** (1600) Verbindl. aLuL	595,00 500,00 95,00	 **5200** (3200) Wareneingang **1406** (1576) Vorsteuer
5.	**4200** (8200) Erlöse **3806** (1776) USt	50,00 9,50 59,50	 **1200** (1400) Forderungen aLuL
6.	**3300** (1600) Verbindl. aLuL	104,72 88,00 16,72	 **5200** (3200) Wareneingang **1406** (1576) Vorsteuer
7.	**4200** (8200) Erlöse **3806** (1776) USt	300,00 57,00 357,00	 **1200** (1400) Forderungen aLuL
8.	**3300** (1600) Verbindl. aLuL	160,50 150,00 10,50	 **5200** (3200) Wareneingang **1401** (1571) Vorsteuer **7 %**
9.	**1800** (1200) Bank	13.560,00	**1200** (1400) Forderungen aLuL
10.	**3300** (1600) Verbindl. aLuL	9.040,00	**1800** (1200) Bank

AUFGABE 2

Tz.	Soll	Haben	Gegenkonto	Konto
1.		1.190,00	71500	**5400** (3400)
2.	595,00		11405	**4400** (8400)

Zusammenfassende Erfolgskontrolle

Tz.	Sollkonto	Betrag (€)	Habenkonto
1.	**5200** (3200) Wareneingang **1406** (1576) Vorsteuer	5.000,00 950,00 5.950,00	 **3300** (1600) Verbindl. aLuL
2.	**3300** (1600) Verbindl. aLuL	1.190,00 1.000,00 190,00	 **5200** (3200) Wareneingang **1406** (1576) Vorsteuer
3.	**1200** (1400) Forderungen aLuL	9.520,00 8.000,00 1.520,00	 **4200** (8200) Erlöse **3806** (1776) USt
4.	**6740** (4730) Ausgangsfrachten **1406** (1576) Vorsteuer	500,00 95,00 595,00	 **1600** (1000) Kasse
5.	**4200** (8200) Erlöse **3806** (1776) USt	700,00 133,00 833,00	 **1200** (1400) Forderungen aLuL
6.	**3300** (1600) Verbindl. aLuL	749,70 630,00 119,70	 **5200** (3200) Wareneingang **1406** (1576) Vorsteuer
7.	**4200** (8200) Erlöse **3806** (1776) USt	410,00 77,90 487,90	 **1200** (1400) Forderungen aLuL
8.	**1800** (1200) Bank	11.300,00	**1200** (1400) Forderungen aLuL
9.	**6710** (4710) Verpackungsmaterial **1406** (1576) Vorsteuer	300,00 57,00 357,00	 **1600** (1000) Kasse
10.	**3300** (1600) Verbindl. aLuL	3.000,00	**1800** (1200) Bank

S	**GuVK**		H
Wareneingang	3.370,00	Erlöse	6.890,00
Ausgangsfrachten	500,00	Eigenkapital (**Verlust**)	**2.280,00**
Verpackungsmaterial	300,00		
Abschreibungen auf S.	2.000,00		
Abschreibungen auf Kfz	3.000,00		
	9.170,00		9.170,00

S	Schlussbilanzkonto (SBK)		H
Lkw	17.000,00	Eigenkapital	222.720,00
Ladeneinrichtung	23.000,00	Verbindlichkeiten aLuL	16.010,30
Waren	150.000,00	USt	516,80
Forderungen aLuL	16.889,10		
Kasse	4.048,00		
Bank	28.300,00		
	239.247,10		239.247,10

4.4 Preisnachlässe und Preisabzüge

AUFGABE 1

Tz.	Sollkonto	Betrag (€)	Habenkonto
1.	**5200** (3200) Wareneingang	1.080,00	
	1406 (1576) Vorsteuer	205,20	
		1.285,20	**3300** (1600) Verbindl. aLuL
2.	**3300** (1600) Verbindl. aLuL	1.285,20	
		1.259,50	**1800** (1200) Bank
		21,60	**5736** (3736) Erhaltene Skonti
		4,10	**1406** (1576) Vorsteuer
3.	**3300** (1600) Verbindl. aLuL	2.975,00	
		2.500,00	**5760** (3760) Erhaltene Boni
		475,00	**1406** (1576) Vorsteuer

AUFGABE 2

Tz.	Sollkonto	Betrag (€)	Habenkonto
1.	**5200** (3200) Wareneingang **1406** (1576) Vorsteuer	4.500,00 855,00 5.355,00	 **3300** (1600) Verbindl. aLuL
2.	**5800** (3800) BNK **1406** (1576) Vorsteuer	100,00 19,00 119,00	 **1600** (1000) Kasse
3.	**3300** (1600) Verbindl. aLuL	595,00 500,00 95,00	 **5200** (3200) Wareneingang **1406** (1576) Vorsteuer
4.	**3300** (1600) Verbindl. aLuL	4.760,00 4.664,80 80,00 15,20	 **1800** (1200) Bank **5736** (3736) Erhaltene Skonti **1406** (1576) Vorsteuer
5.	**1200** (1400) Forderungen aLuL	5.593,00 4.700,00 893,00	 **4200** (8200) Erlöse **3806** (1776) USt
6.	**6740** (4730) Ausgangsfrachten **1406** (1576) Vorsteuer	200,00 38,00 238,00	 **1600** (1000) Kasse
7.	**4200** (8200) Erlöse **3806** (1776) USt	300,00 57,00 357,00	 **1200** (1400) Forderungen aLuL

AUFGABE 3

Tz.	Sollkonto	Betrag (€)	Habenkonto
1.	**5200** (3200) Wareneingang **1406** (1576) Vorsteuer	5.000,00 950,00 5.950,00	 **3300** (1600) Verbindl. aLuL
2.	**3300** (1600) Verbindl. aLuL	357,00 300,00 57,00	 **5760** (3760) Erhaltene Boni **1406** (1576) Vorsteuer
3.	**5200** (3200) Wareneingang **1406** (1576) Vorsteuer	3.600,00 684,00 4.284,00	 **3300** (1600) Verbindl. aLuL
4.	**3300** (1600) Verbindl. aLuL	4.284,00 4.155,48 108,00 20,52	 **1800** (1200) Bank **5736** (3736) Erhaltene Skonti **1406** (1576) Vorsteuer
5.	**1200** (1400) Forderungen aLuL	9.520,00 8.000,00 1.520,00	 **4200** (8200) Erlöse **3806** (1776) USt
6.	**4760** (8760) Gewährte Boni **3806** (1776) USt	600,00 114,00 714,00	 **1200** (1400) Forderungen aLuL
7.	**1200** (1400) Forderungen aLuL	9.520,00 8.000,00 1.520,00	 **4200** (8200) Erlöse **3806** (1776) USt
8.	**1800** (1200) Bank **4736** (8736) Gewährte Skonti **3806** (1776) USt	9.329,60 160,00 30,40 9.520,00	 **1200** (1400) Forderungen aLuL
9.	**1800** (1200) Bank **4736** (8736) Gewährte Skonti **3806** (1776) USt	7.580,30 130,00 24,70 7.735,00	 **1200** (1400) Forderungen aLuL
10.	**3300** (1600) Verbindl. aLuL	8.687,00 8.426,39 219,00 41,61	 **1800** (1200) Bank **5736** (3736) Erhaltene Skonti **1406** (1576) Vorsteuer

AUFGABE 4

Tz.	Soll	Haben	Gegenkonto	Konto	**Skonto**
1.	11.662,00		10112	**1700** (1100)	238,00
2.		4.155,48	70017	**1800** (1200)	128,52
3.		1.190,00	70103	**5760** (3760)	
4.	595,00		10107	**4760** (8760)	

Zusammenfassende Erfolgskontrolle

Tz.	Sollkonto	Betrag (€)	Habenkonto
1.	**5200** (3200) Wareneingang **1406** (1576) Vorsteuer	5.000,00 950,00 5.950,00	 **3300** (1600) Verbindl. aLuL
2.	**3300** (1600) Verbindl. aLuL	5.950,00 5.831,00 100,00 19,00	 **1800** (1200) Bank **5736** (3736) Erhaltene Skonti **1406** (1576) Vorsteuer
3.	**5200** (3200) Wareneingang **1406** (1576) Vorsteuer	1.800,00 342,00 2.142,00	 **3300** (1600) Verbindl. aLuL
4.	**1200** (1400) Forderungen aLuL	19.040,00 16.000,00 3.040,00	 **4200** (8200) Erlöse **3806** (1776) USt
5.	**1800** (1200) Bank **4736** (8736) Gewährte Skonti **3806** (1776) USt	11.662,00 200,00 38,00 11.900,00	 **1200** (1400) Forderungen aLuL
6.	**3806** (1776) USt	10.000,00	**1800** (1200) Bank
7.	**3300** (1600) Verbindl. aLuL	595,00 500,00 95,00	 **5760** (3760) Erhaltene Boni **1406** (1576) Vorsteuer
8.	**4760** (8760) Gewährte Boni **3806** (1776) USt	300,00 57,00 357,00	 **1200** (1400) Forderungen aLuL

S GuVK H

S			H
Wareneingang	1.200,00	Erlöse	15.500,00
Abschreibungen	5.000,00		
Eigenkapital (**Gewinn**)	**9.300,00**		
	15.500,00		15.500,00

S Schlussbilanzkonto (SBK) H

S			H
Ladeneinrichtung	30.000,00	Eigenkapital	189.300,00
Waren	135.000,00	Verbindlichkeiten aLuL	11.547,00
Forderungen aLuL	31.783,00	USt	1.767,00
Kasse	1.000,00		
Bank	4.831,00		
	202.614,00		202.614,00

4.5 Handelskalkulation

AUFGABE 1

zu 1.

	Bezugspreis	**275,17 €**	
+	Handlungskosten 45 %	123,83 €	
=	Selbstkosten	399,00 €	: 145 x 100

zu 2.

	Bezugspreis	120,00 €
+	Handlungskosten 35 %	42,00 €
=	**Selbstkosten**	**162,00 €**

zu 3.

	Barverkaufspreis	544,00 €
+	2 % Kundenskonto	11,10 €
=	**Zielverkaufspreis**	**555,10 €**

zu 4.

Listeneinkaufspreis	1.120,00 €
Liefererrabatt 5 %	56,00 €
Zieleinkaufspreis	**1.064,00 €**

zu 5.

	Selbstkosten	**716,10 €**	
+	Gewinn 18 %	128,90 €	
=	Barverkaufspreis	845,00 €	: 118 x 100

AUFGABE 2

	Selbstkosten	270,00 €
+	Gewinn 20 %	54,00 €
=	Netto-Barverkaufspreis	324,00 €
+	Kundenskonto 2 %	6,61 €
=	Netto-Zielverkaufspreis	330,61 €
+	Kundenrabatt 10 %	36,73 €
=	**Netto-Listenverkaufspreis**	**367,34 €**

AUFGABE 3

zu 1. **100 %**

zu 2. **2**

AUFGABE 4

	Netto-Barverkaufspreis	447,65 €	98 %	
+	2 % Kundenskonto	9,14 €	2 %	
=	Netto-Zielverkaufspreis	456,79 €	100 %	75 %
+	25 % Kundenrabatt	152,26 €		25 %
=	Netto-Listenverkaufspreis	**609,05 €**		100 %

AUFGABE 5

1.300 € — 100 %
650 € — x %

$$x = \frac{100\,\% \times 650\,€}{1.300\,€} =$$ **50 % Handelsspanne**

AUFGABE 6

1.		Listeneinkaufspreis	875,00 €
	-	10 % Rabatt	87,50 €
		Netto-**Zieleinkaufspreis**	**787,50 €**
2.		Netto-Zieleinkaufspreis	787,50 €
	-	2 % Liefererskonto	15,75 €
		Netto-**Bareinkaufspreis**	**771,75 €**
3.		Netto-Bareinkaufspreis	771,75 €
	+	Bezugskosten:	
		Transportversicherung	7,88 €
		Fracht	36,25 €
		Netto-Einstandspreis (**Bezugspreis**)	**815,88 €**
4.		Netto-Listenverkaufspreis	1.175,00 €
	-	Bezugspreis	815,88 €
		Rohgewinn	359,12 €

$$\frac{359{,}12\,€ \times 100}{1.175{,}00\,€} =$$ **30,56 % Handelsspanne**

4.6 Besonderheiten der Industriebuchführung

AUFGABE 1

Tz.	Sollkonto	Betrag (€)	Habenkonto
1.	**5010** (3001) Aufw. f. Rohstoffe **1406** (1576) Vorsteuer	12.000,00 2.280,00	**3300** (1600) Verbindl. aLuL **3300** (1600) Verbindl. aLuL
2.	**3300** (1600) Verbindl. aLuL **3300** (1600) Verbindl. aLuL	1.000,00 190,00	**5010** (3001) Aufw. f. Rohstoffe **1406** (1576) Vorsteuer
3.	**5801** (3801) BNK Rohstoffe **1406** (1576) Vorsteuer	250,00 47,50	**1600** (1000) Kasse **1600** (1000) Kasse
4.	**3300** (1600) Verbindl. aLuL **3300** (1600) Verbindl. aLuL **3300** (1600) Verbindl. aLuL	12.828,20 220,00 41,80	**1800** (1200) Bank **5736** (3736) Erhaltene Skonti **1406** (1576) Vorsteuer
5.	**5020** (3002) Aufw. für Hilfsstoffe **1406** (1576) Vorsteuer	700,00 133,00	**1800** (1200) Bank **1800** (1200) Bank
6.	**5802** (3802) BNK Hilfsstoffe **1406** (1576) Vorsteuer	60,00 11,40	**1600** (1000) Kasse **1600** (1000) Kasse
7.	**5030** (3003) Aufw. f. Betriebsst. **1406** (1576) Vorsteuer	5.500,00 1.045,00	**3300** (1600) Verbindl. aLuL **3300** (1600) Verbindl. aLuL
8.	**3300** (1600) Verbindl. aLuL **3300** (1600) Verbindl. aLuL	150,00 28,50	**5030** (3003) Aufw. f. Betriebsst. **1406** (1576) Vorsteuer
9.	**3300** (1600) Verbindl. aLuL **3300** (1600) Verbindl. aLuL **3300** (1600) Verbindl. aLuL	6.233,22 162,00 30,78	**1700** (1100) Postbank **5736** (3736) Erhaltene Skonti **1406** (1576) Vorsteuer
10.	**5803** (3803) BNK Betriebsstoffe **1406** (1576) Vorsteuer	120,00 22,80	**1600** (1000) Kasse **1600** (1000) Kasse

AUFGABE 2

Tz.	Sollkonto	Betrag (€)	Habenkonto
1.	**5010** (3001) Aufw. f. Rohstoffe **1406** (1576) Vorsteuer	12.000,00 2.280,00	**3300** (1600) Verbindl. aLuL **3300** (1600) Verbindl. aLuL
2.	**5010** (3001) Aufw. f. Rohstoffe **1406** (1576) Vorsteuer	2.700,00 513,00	**3300** (1600) Verbindl. aLuL **3300** (1600) Verbindl. aLuL
3.	**5010** (3001) Aufw. f. Rohstoffe **1406** (1576) Vorsteuer	3.100,00 589,00	**3300** (1600) Verbindl. aLuL **3300** (1600) Verbindl. aLuL
4.	**5020** (3002) Aufw. für Hilfsstoffe **1406** (1576) Vorsteuer	450,00 85,50	**3300** (1600) Verbindl. aLuL **3300** (1600) Verbindl. aLuL
5.	**5020** (3002) Aufw. für Hilfsstoffe **1406** (1576) Vorsteuer	750,00 142,50	**3300** (1600) Verbindl. aLuL **3300** (1600) Verbindl. aLuL
6.	**5020** (3002) Aufw. für Hilfsstoffe **1406** (1576) Vorsteuer	850,00 161,50	**3300** (1600) Verbindl. aLuL **3300** (1600) Verbindl. aLuL
7.	**5030** (3003) Aufw. f. Betriebsst. **1406** (1576) Vorsteuer	400,00 76,00	**1800** (1200) Bank **1800** (1200) Bank
8.	**5030** (3003) Aufw. f. Betriebsst. **1406** (1576) Vorsteuer	3.600,00 684,00	**3300** (1600) Verbindl. aLuL **3300** (1600) Verbindl. aLuL
9.	**5010** (3001) Aufw. f. Rohstoffe **1406** (1576) Vorsteuer	2.800,00 532,00	**3300** (1600) Verbindl. aLuL **3300** (1600) Verbindl. aLuL
10.	**5020** (3002) Aufw. für Hilfsstoffe **1406** (1576) Vorsteuer	1.900,00 361,00	**1800** (1200) Bank **1800** (1200) Bank

AUFGABE 3

Sollkonto	Betrag (€)	Habenkonto
9998 (9998) SBK	65.320,00	**1010** (3971) Bestand Rohst.
9998 (9998) SBK	52.190,00	**1020** (3972) Bestand Hilfsst.
9998 (9998) SBK	27.170,00	**1030** (3973) Bestand Betriebsstoffe
5881 (3961) BV Rohstoffe	4.960,00	**1010** (3971) Bestand Rohstoffe
1020 (3972) Bestand Hilfsstoffe	1.840,00	**5882** (3962) BV Hilfsstoffe
5883 (3963) BV Betriebsstoffe	3.310,00	**1030** (3973) Bestand Betriebsstoffe

AUFGABE 4

zu 1.

	Unfertige Erzeugnisse	Fertige Erzeugnisse
01.01.2026 (Anfangsbestand) 31.12.2026 (Schlussbestand)	17.860 € 19.350 €	85.730 € 92.140 €
Bestands**erhöhung**	**1.490 €**	**6.410 €**

zu 2.

Tz.	Sollkonto	Betrag (€)	Habenkonto
4.a)	**1050** (7050) Bestand UE	1.490,00	**4810** (8960) BV UE
4.b)	**1100** (7110) Bestand FE	6.410,00	**4800** (8980) BV FE

zu 3. und 4.

S	**1050** (7050) Bestand UE		H
AB	17.860,00	SBK	19.350,00
a)	1.490,00		
	19.350,00		19.350,00

S	**1100** (7110) Bestand FE		H
AB	85.730,00	SBK	92.140,00
b)	6.410,00		
	92.140,00		92.140,00

S	**4810** (8960) BV UE		H
GuVK	1.490,00	a)	1.490,00

S	**4800** (8980) BV FE		H
GuVK	6.410,00	b)	6.410,00

S	**9998** (9998) SBK		H
UE	19.350,00		
FE	92.140,00		

S	**9999** (9999) GuVK		H
		BV UE	1.490,00
		BV FE	6.410,00

AUFGABE 5

Verbrauch = AB + Zukauf (Aufw. Rohstoffe + BNK) – EB

Verbrauch = 201.000 €

AUFGABE 6

Die Aussagen 1, 4 und 5 sind richtig.

Zusammenfassende Erfolgskontrolle

Tz.	Sollkonto	Betrag (€)	Habenkonto
1.	**5010** (3001) Aufw. f. Rohstoffe **1406** (1576) Vorsteuer	30.000,00 5.700,00	**3300** (1600) Verbindl. aLuL **3300** (1600) Verbindl. aLuL
2.	**5020** (3002) Aufw. für Hilfsstoffe **1406** (1576) Vorsteuer	10.000,00 1.900,00	**3300** (1600) Verbindl. aLuL **3300** (1600) Verbindl. aLuL
3.	**5030** (3003) Aufw. f. Betriebsst. **1406** (1576) Vorsteuer	15.000,00 2.850,00	**3300** (1600) Verbindl. aLuL **3300** (1600) Verbindl. aLuL
4.	**1800** (1200) Bank	23.000,00	**1200** (1400) Forderungen aLuL
5.	**1200** (1400) Forderungen aLuL **1200** (1400) Forderungen aLuL	160.000,00 30.400,00	**4200** (8200) Erlöse **3806** (1776) Umsatzsteuer
6.	**6310** (4210) Miete	15.000,00	**1800** (1200) Bank
7.	**3300** (1600) Verbindl. aLuL	34.500,00	**1800** (1200) Bank
8.	**1800** (1200) Bank **1800** (1200) Bank	110.000,00 20.900,00	**4200** (8200) Erlöse **3806** (1776) Umsatzsteuer
9.	**3806** (1776) Umsatzsteuer	5.670,00	**1800** (1200) Bank
10.	**6000** (4100) Löhne und Gehälter	36.000,00	**1800** (1200) Bank
11.	**6460** (4800) Reparaturen **1406** (1576) Vorsteuer	2.000,00 380,00	**1800** (1200) Bank **1800** (1200) Bank
12.	**6220** (4830) Abschreibungen	20.000,00	**0440** (0210) Maschinen
13.	**9998** (9998) SBK	40.000,00	**1010** (3971) Bestand Rohst.
14.	**9998** (9998) SBK	15.000,00	**1020** (3972) Bestand Hilfsstoffe
15.	**9998** (9998) SBK	11.100,00	**1030** (3973) Bestand Betriebsst.
16.	**9998** (9998) SBK	76.000,00	**1050** (7050) Bestand unf. Erz.
17.	**9998** (9998) SBK	140.000,00	**1100** (7110) Bestand fertige Erz.

S	GuVK		H
Aufw. für Rohstoffe	30.000,00	Erlöse	270.000,00
Aufw. für Hilfsstoffe	10.000,00	BV fertige Erzeugnisse	44.600,00
Aufw. für Betriebsstoffe	15.000,00		
Miete	15.000,00		
Löhne und Gehälter	36.000,00		
Reparaturen	2.000,00		
Abschreibungen	20.000,00		
BV Rohstoffe	60.000,00		
BV Hilfsstoffe	10.000,00		
BV Betriebsstoffe	3.200,00		
BV unfertige Erzeugnisse	25.300,00		
Eigenkapital (Gewinn)	**88.100,00**		
	314.600,00		314.600,00

S	Schlussbilanzkonto (SBK)		H
Bestand Rohstoffe	40.000,00	Eigenkapital	668.422,00
Bestand Hilfsstoffe	15.000,00	Verbindlichkeiten aLuL	198.758,00
Bestand Betriebsstoffe	11.100,00	USt	40.470,00
Bestand unfertige Erzeugn.	76.000,00		
Bestand fertige Erzeugnisse	140.000,00		
Maschinen	180.000,00		
Forderungen aLuL	282.400,00		
Kasse	16.400,00		
Bank	146.750,00		
	907.650,00		907.650,00

5 Personalwirtschaft

AUFGABE 1

Tz.	Sollkonto	Betrag (€)	Habenkonto
1.	**6020** (4120) Gehälter	3.000,00	
		38,33	**3730** (1741) Verb. LSt/KiSt
		634,50	**3740** (1742) Verb. i.R.d.s.S.
		2.327,17	**3720** (1740) Verb. aus Lohn/Gehalt
	3720 (1740) Verb. aus L/G	2.327,17	**1800** (1200) Bank
2.	**6110** (4130) Ges. soz. Aufw.	634,50	**3740** (1742) Verb. i.R.d.s.S.
3.	**3730** (1741) Verb. LSt/KiSt	38,33	**1800** (1200) Bank
4.	**3740** (1742) Verb. i.R.d.s.S.	1.269,00	**1800** (1200) Bank

AUFGABE 2

Tz.	Sollkonto	Betrag (€)	Habenkonto
1.	**6020** (4120) Gehälter	22.000,00	
		2.395,00	**3730** (1741) Verb. LSt/KiSt
		4.361,50	**3740** (1742) Verb. i.R.d.s.S.
		15.243,50	**3720** (1740) Verb. aus Lohn/Gehalt
	3720 (1740) Verb. aus L/G	15.243,50	**1800** (1200) Bank
	6110 (4130) Ges. soz. Aufw.	4.361,50	**3740** (1742) Verb. i.R.d.s.S.
2.	**3730** (1741) Verb. LSt/KiSt	2.395,00	**1800** (1200) Bank
	3740 (1742) Verb. i.R.d.s.S.	8.723,00	**1800** (1200) Bank

AUFGABE 3

1.	18,6 % von 3.000,00 € =		558,00 €
2.	14,6 % von 3.000,00 € =	438,00 €	
	2,9 % von 3.000,00 € =	87,00 €	525,00 €
3.	2,40 % von 3.000,00 € =	72,00 €	
	1,80 % von 3.000,00 € =	54,00 €	126,00 €
4.	2,6 % von 3.000,00 € =		78,00 €
5.	(21,75 % von 3.000,00 €)		652,50 €
6.	(21,15 % von 3.000,00 €)		634,50 €

7.

	Bruttogehalt		**3.000,00 €**
-	Lohnsteuer	293,08 €	
-	SolZ	0,00 €	
-	Kirchensteuer	26,37 €	- 319,45 €
-	Sozialversicherung (AN-Anteil)		- 652,50 €
=	Nettogehalt (Auszahlungsbetrag)		**2.028,05 €**

Tz.	Sollkonto	Betrag (€)	Habenkonto
8a)	**6020** (4120) Gehälter	3.000,00	
		319,45	**3730** (1741) Verb. LSt/KiSt
		652,50	**3740** (1742) Verb. i.R.d.s.S.
		2.028,05	**3720** (1740) Verb. aus L/G
	3720 (1740) Verb. aus L/G	2.028,05	**1800** (1200) Bank
b)	**6110** (4130) Ges. soz. Aufw.	634,50	**3740** (1742) Verb. i.R.d.s.S.
c)	**3730** (1741) Verb. LSt/KiSt	319,45	**1800** (1200) Bank
	3740 (1742) Verb. i.R.d.s.S.	1.287,00	**1800** (1200) Bank

AUFGABE 4

1.	18,6 % von 6.000,00 €	=		1.116,00 €
2.	14,6 % von höchstens 5.812,50 €	=	848,62 €	
	2,9 % von höchstens 5.812,50 €	=	168,56 €	1.017,18 €
3.	2,40 % von höchstens 5.812,50 €	=	139,50 €	
	1,80 % von höchstens 5.812,50 €	=	104,63 €	244,13 €
4.	2,6 % von 6.000,00 €	=		156,00 €
5.	(558,00 € + 424,31 € + 84,28 € + 139,51 € + 78,00 €)			1.284,10 €
6.	(558,00 € + 424,31 € + 84,28 € + 104,63 € + 78,00 €)			1.249,22 €

7.

	Bruttogehalt		**6.000,00 €**
-	Lohnsteuer	1.074,33 €	
-	SolZ	0,00 €	
-	Kirchensteuer	96,68 €	- 1.171,01 €
-	Sozialversicherung (AN-Anteil)		- 1.284,10 €
=	Nettogehalt (Auszahlungsbetrag)		**3.544,89 €**

Tz.	Sollkonto	Betrag (€)	Habenkonto
4a)	**6020** (4120) Gehälter	6.000,00	
		1.171,01	**3730** (1741) Verb. LSt/KiSt
		1.284,10	**3740** (1742) Verb. i.R.d.s.S.
		3.544,89	**3720** (1740) Verb. aus L/G
	3720 (1740) Verb. aus L/G	3.544,89	**1800** (1200) Bank
b)	**6110** (4130) Ges. soz. Aufw.	1.249,22	**3740** (1742) Verb. i.R.d.s.S.
c)	**3730** (1741) Verb. LSt/KiSt	1.171,01	**1800** (1200) Bank
	3740 (1742) Verb. i.R.d.s.S.	2.533,32	**1800** (1200) Bank

AUFGABE 5

Sollkonto	Betrag (€)	Habenkonto
6020 (4120) Gehälter	8.167,65	**1800** (1200) Bank
6020 (4120) Gehälter	4.500,00	**1800** (1200) Bank
6020 (4120) Gehälter	3.132,35	**1800** (1200) Bank
6110 (4130) Ges. soz. Aufw.	3.132,35	**1800** (1200) Bank

AUFGABE 6

Sollkonto	Betrag (€)	Habenkonto
6020 (4120) Gehälter	15.800,00	**3790** (1755) Lohn- und Gehaltsv.
3790 (1755) Lohn- und Gehaltsv.	4.500,00	**3730** (1741) Verb. LSt/KiSt
3790 (1755) Lohn- und Gehaltsv.	3.132,35	**3740** (1742) Verb. i.R.d.s.S.
3790 (1755) Lohn- und Gehaltsv.	8.167,65	**3720** (1740) Verb. aus L/G
6110 (4130) Ges. soz. Aufw.	3.132,35	**3740** (1742) Verb. i.R.d.s.S.
3730 (1741) Verb. LSt/KiSt	4.500,00	**1800** (1200) Bank
3740 (1742) Verb. i.R.d.s.S.	6.264,70	**1800** (1200) Bank
3720 (1740) Verb. aus L/G	8.167,65	**1800** (1200) Bank

AUFGABE 7

Die Personalkosten setzen sich aus dem Bruttoarbeitslohn und dem Arbeitgeberanteil zur Sozialversicherung zusammen; (d) ist richtig: 3.634,50 €.

AUFGABE 8

Sollkonto	Betrag (€)	Habenkonto
6120 (4138) Beiträge zur Berufsgenossenschaft	1.000,00	**1700** (1100) Postbank

AUFGABE 9

1.	18,6 % von 320 € =	59,52 €
2.	14,6 % + 2,9 % von 320 € =	56,00 €
3.	3,60 %* von 320 € =	11,52 €
4.	2,6 % von 320 € =	8,32 €
5.	(bis 325 € trägt AG die Beiträge allein)	0,00 €
6.	(59,52 € + 56,00 € + 11,52 € + 8,32 €)	135,36 €
7.		**320,00 €**

Tz.	Sollkonto	Betrag (€)	Habenkonto
8a)	**6020** (4120) Gehälter	320,00	**1800** (1200) Bank
b)	**6110** (4130) Ges. soz. Aufw.	135,36	**3740** (1742) Verb. i.R.d.s.S.
c)	**3740** (1742) Verb. i.R.d.s.S.	135,36	**1800** (1200) Bank

* Der Praktikant ist 19 Jahre alt, sodass der Zuschlag zur PV, der erst mit 23 Jahren gezahlt werden muss, noch nicht zu berücksichtigen ist.

AUFGABE 10

Tz.	Sollkonto	Betrag (€)	Habenkonto
1.	**1340** (1530) Forder. g. Personal	6.000,00	**1600** (1000) Kasse
2.	**6020** (4120) Gehälter	20.000,00	
		3.270,00	**3730** (1741) Verb. LSt/KiSt
		4.000,00	**3740** (1742) Verb. i.R.d.s.S.
		6.000,00	**1340** (1530) Forder. g. Personal
		6.730,00	**3720** (1740) Verb. aus L/G
	3720 (1740) Verb. aus L/G	6.730,00	**1800** (1200) Bank
3.	**6110** (4130) Ges. soz. Aufw.	3.965,00	**3740** (1742) Verb. i.R.d.s.S.
4.	**3730** (1741) Verb. LSt/KiSt	3.270,00	**1800** (1200) Bank
	3740 (1742) Verb. i.R.d.s.S.	7.965,00	**1800** (1200) Bank

AUFGABE 11

Tz.	Sollkonto	Betrag (€)	Habenkonto
1.	**1340** (1530) Forder. g. Personal	4.000,00	**1600** (1000) Kasse
2.	**6020** (4120) Gehälter	22.000,00	
		3.270,00	**3730** (1741) Verb. LSt/KiSt
		4.361,50	**3740** (1742) Verb. i.R.d.s.S.
		4.000,00	**1340** (1530) Forder. g. Personal
		10.368,50	**3720** (1740) Verb. aus L/G
	3720 (1740) Verb. aus L/G	10.368,50	**1800** (1200) Bank
3.	**6110** (4130) Ges. soz. Aufw.	4.361,50	**3740** (1742) Verb. i.R.d.s.S.
4.	**3730** (1741) Verb. LSt/KiSt	3.270,00	**1800** (1200) Bank
	3740 (1742) Verb. i.R.d.s.S.	8.723,00	**1800** (1200) Bank

AUFGABE 12

Tz.	Sollkonto	Betrag (€)	Habenkonto
1.	**6020** (4120) Gehälter	1.700,00	
		104,18	**3730** (1741) Verb. LSt/KiSt
		339,58	**3740** (1742) Verb. i.R.d.s.S.
		39,17	**3770** (1750) Verb. aus Vermb.
		1.217,07	**3720** (1740) Verb. aus L/G
	3720 (1740) Verb. aus L/G	1.217,07	**1800** (1200) Bank
2.	**6110** (4130) Ges. soz. Aufw.	339,58	**3740** (1742) Verb. i.R.d.s.S.
3.	**3730** (1741) Verb. LSt/KiSt	104,18	**1800** (1200) Bank
	3740 (1742) Verb. i.R.d.s.S.	679,16	**1800** (1200) Bank
	3770 (1750) Verb. aus Vermb.	39,17	**1800** (1200) Bank

AUFGABE 13

Tz.	Sollkonto	Betrag (€)	Habenkonto
1.	**6020** (4120) Gehälter	1.660,83	
	6080 (4170) VwL	39,17	
		104,18	**3730** (1741) Verb. LSt/KiSt
		339,58	**3740** (1742) Verb. i.R.d.s.S.
		39,17	**3770** (1750) Verb. aus Vermb.
		1.217,07	**3720** (1740) Verb. aus L/G
	3720 (1740) Verb. aus L/G	1.217,07	**1800** (1200) Bank
2.	**6110** (4130) Ges. soz. Aufw.	339,58	**3740** (1742) Verb. i.R.d.s.S.
3.	**3730** (1741) Verb. LSt/KiSt	104,18	**1800** (1200) Bank
	3740 (1742) Verb. i.R.d.s.S.	679,16	**1800** (1200) Bank
	3770 (1750) Verb. aus Vermb.	39,17	**1800** (1200) Bank

AUFGABE 14

Tz.	Sollkonto	Betrag (€)	Habenkonto
1.	**6020** (4120) Gehälter	18.000,00	
	6080 (4170) VwL	273,00	
		2.220,00	**3730** (1741) Verb. LSt/KiSt
		3.850,00	**3740** (1742) Verb. i.R.d.s.S.
		546,00	**3770** (1750) Verb. aus Vermb.
		11.657,00	**3720** (1740) Verb. aus L/G
	3720 (1740) Verb. aus L/G	11.657,00	**1800** (1200) Bank
2.	**6110** (4130) Ges. soz. Aufw.	3.531,26	**3740** (1742) Verb. i.R.d.s.S.
3.	**3730** (1741) Verb. LSt/KiSt	2.220,00	**1800** (1200) Bank
	3740 (1742) Verb. i.R.d.s.S.	7.381,26	**1800** (1200) Bank
	3770 (1750) Verb. aus Vermb.	546,00	**1800** (1200) Bank

AUFGABE 15

Sollkonto	Betrag (€)	Habenkonto
6130 (4660) Freiwillige soziale Leistungen*	80,00	**1600** (1000) Kasse

* steuerfrei nach § 3 Nr. 33 EStG

AUFGABE 16

1.				**320,00 €**
2.		Vergütung		320,00 €
	+	vwL		39,17 €
		(über 325 €)		**359,17 €**
	-	Lohnsteuer		0,00 €
	-	Kirchensteuer		0,00 €
	-	SolZ		0,00 €
	-	RV (9,30 %)	33,40 €	
	-	KV (7,3 % + 1,45 % (2,9 % : 2))	31,43 €	
	-	PV (1,80 %)*	6,47 €	
	-	AV (1,30 %)	4,67 €	- 75,97 €
		Nettobetrag		283,20 €
	-	vwL		- 39,17 €
	=	Auszahlungsbetrag		244,03 €
		Auszahlungsbetrag		244,03 €
	+	vwL (wird später ausgezahlt)		39,17 €
	+	AN-Sparzulage (9 % von 39,17 €) (erstattet FA)		3,53 €
				286,73 €

* Der Auszubildende ist 19 Jahre alt, sodass der Zuschlag zur PV, der erst mit 23 Jahren gezahlt werden muss, noch nicht zu berücksichtigen ist.

AUFGABE 17

zu 1.

	30 % von 350 €	=	105,00 €	
U 1:	0,80 % von 350 €	=	2,80 €	
U 2:	0,22 % von 350 €	=	0,77 €	
INSO:	0,15 % von 350 €	=	0,53 €	**109,10 €**

zu 2.

Sollkonto	Betrag (€)	Habenkonto
6035 (4195) Löhne für Minijobs	350,00	**1800** (1200) Bank
6035 (4195) Löhne für Minijobs	98,00	**1800** (1200) Bank
6036 (4194) Pauschale Steuern u. Abgaben an M.	11,10	**1800** (1200) Bank

zu 3.

Die Arbeitnehmerin müsste dann einen Eigenbeitrag in Höhe von 3,6 % (Beitragssatz 18,6 % - 15 % Pauschalbeitrag = 3,6 %) von 350,00 € = 12,60 € zahlen.

AUFGABE 18

zu 1.

14,62 % von 380 € = **55,56 €**

zu 2.

Sollkonto	Betrag (€)	Habenkonto
2100 (1800) Privatentnahmen	380,00	**1800** (1200) Bank
2100 (1800) Privatentnahmen	55,56	**1800** (1200) Bank

AUFGABE 19

zu 1.

	30 % von 380 €	=	114,00 €	
U 1:	0,80 % von 380 €	=	3,04 €	
U 2:	0,22 % von 380 €	=	0,84 €	
INSO:	0,15 % von 380 €	=	0,57 €	**118,45 €**

zu 2.

Sollkonto	Betrag (€)	Habenkonto
6035 (4195) Löhne für Minijobs	380,00	**1800** (1200) Bank
6035 (4195) Löhne für Minijobs	106,40	**1800** (1200) Bank
6036 (4194) Pauschale Steuern u. Abgaben an M.	12,05	**1800** (1200) Bank

Die Privatentnahme ist noch zu buchen.

AUFGABE 20

Die Abführung der Pauschalabgaben von 30 % des Arbeitsentgelts ist **nicht** möglich, weil die Geringfügigkeitsentgeltgrenze von 603 Euro durch Zusammenrechnung der Arbeitsentgelte überschritten ist.

Sozialversicherungsrechtlich tritt die volle Sozialversicherungspflicht (Kranken-, Pflege-, Renten- und Arbeitslosenversicherung) ein.

Steuerrechtlich kann jeder Arbeitgeber die Arbeitsentgelte pauschal mit 20 % zuzüglich Solidaritätszuschlag und Kirchensteuer versteuern, weil bei den Arbeitgebern für sich betrachtet jeweils eine geringfügig entlohnte Beschäftigung vorliegt (§ 40a Abs. 2a EStG).

AUFGABE 21

zu 1.

	30 % von 300 €	90,00 €
U 1:	0,80 % entfällt, weil mehr als 30 Beschäftigte	0,00 €
U 2:	0,22 % von 300 €	0,66 €
INSO:	0,15 % von 300 €	0,45 €
		91,11 €

zu 2.

Sollkonto	Betrag (€)	Habenkonto
6035 (4195) Löhne für Minijobs	300,00	**1800** (1200) Bank
6035 (4195) Löhne für Minijobs	84,00	**1800** (1200) Bank
6036 (4194) Pauschale Steuern u. Abgaben an M.	7,11	**1800** (1200) Bank

AUFGABE 22

1. **Bemessungsgrundlage Gesamtbeitrag** = 1,145937 x Arbeitsentgelt - 291,874

   = 1,145937 x 700 - 291,874

   = **510,28 €**

   Gesamtbeitrag = 510,28 € x 42,30 %

   = **215,85 €**

2. **Bemessungsgrundlage Arbeitnehmeranteil** = 1,431639 x Arbeitsentgelt - 863,278

   = 1,431639 x 700 - 863,278

   = **138,87 €**

   Arbeitnehmeranteil = 138,87 € x 21,15 %

   = **29,37 €**

3. **Arbeitgeberanteil**

	Gesamtbeitrag	215,85 €
	- Arbeitnehmeranteil	- 29,37 €
Arbeitgeberanteil =		**186,48 €**

AUFGABE 23

	Bruttogehalt	2.200,00 €
+	Sachbezug (**ortsübliche Miete**)	**475,00 €**
=	steuer- und sozialversicherungspflichtiges Gehalt	2.675,00 €
-	Lohnsteuer/Kirchensteuer/Solidaritätszuschlag	- 252,14 €
-	Sozialversicherungsbeiträge (AN-Anteil)	- 576,48 €
	Nettogehalt	1.846,38 €
-	Sachbezug	- **475,00 €**
=	Auszahlungsbetrag	**1.371,38 €**
	Sozialversicherungsbeiträge AG	560,43 €

Buchungssatz:

Sollkonto	Betrag (€)	Habenkonto
6020 (4120) Gehälter	2.200,00	
	252,14	**3730** (1741) Verbindl. LSt/KiSt
	576,48	**3740** (1742) Verbindl. i.R.d.s.S.
	475,00	**4949** (8614) Verr. sonst. Sachb. ohne USt
	1.371,38	**3720** (1740) Verbindl. aus L/G
3720 (1740) Verb. aus L/G	1.371,38	**1800** (1200) Bank
6110 (4130) Ges. soz. Aufw.	560,43	**3740** (1742) Verbindl. i.R.d.s.S.
3730 (1741) Verb. LSt/KiSt	252,14	**1800** (1200) Bank
3740 (1742) Verb. i.R.d.s.S.	1.136,91	**1800** (1200) Bank

AUFGABE 24

	Bruttogehalt		2.200,00 €
	⅔ der ortsüblichen Miete (einschl. NK) i. H. v. 475 €	317 €	
-	von Arbeitnehmer A gezahlte Miete	300 €	
	verbleiben	17 €	
=	50-€-Freigrenze (§ 8 Abs. 2 EStG) – nicht überschritten		
-	geldwerter Vorteil (Sachbezug verbilligte Wohnung)		**0,00 €**
=	steuer- und sozialversicherungspflichtiger Arbeitslohn		2.200,00 €
-	Lohnsteuer/Kirchensteuer		- 145,87 €
-	Sozialversicherungsbeiträge (AN-Anteil)		- 474,10 €
=	Nettogehalt		1.580,03 €
-	Miete		300,00 €
=	Auszahlungsbetrag		1.280,03 €
	Sozialversicherungsbeiträge AG		460,90 €

Buchungssatz:

Sollkonto	Betrag (€)	Habenkonto
6020 (4120) Gehälter	2.200,00	
	145,87	**3730** (1741) Verbindl. LSt/KiSt
	474,10	**3740** (1742) Verbindl. i. R. d. s. S.
	300,00	**4860** (2750) Grundstückserträge
	1.280,66	**3720** (1740) Verbindl. aus L/G
3720 (1740) Verb. aus L/G	1.280,66	**1800** (1200) Bank
6110 (4130) Ges. soz. Aufw.	460,90	**3740** (1742) Verbindl. i. R. d. s. S.
3730 (1741) Verb. LSt/KiSt	145,87	**1800** (1200) Bank
3740 (1742) Verb. i. R. d. s. S.	935,00	**1800** (1200) Bank

AUFGABE 25

zu 1.

	laufender Arbeitslohn	3.000,00 €
+	Sachbezug 20 x 4,40 €	88,00 €
	brutto	3.088,00 €
-	Lohnsteuer	- 321,00 €
-	Solidaritätszuschlag	- 0,00 €
-	AN-Anteil Sozialversicherung	- 665,45 €
	Zwischensumme	2.101,55 €
-	Sachbezug	- 88,00 €
	Auszahlungsbetrag	2.013,55 €

zu 2.

Tz.	Sollkonto	Betrag (€)	Habenkonto
1.	**6020** (4120) Gehälter	3.088,00	
		321,00	**3730** (1741) Verb. LSt/KiSt
		665,45	**3740** (1742) Verb. i.R.d.s.S.
		63,87	**4948** (8613) Verr. sonst. Sachbezüge
		12,13	**3806** (1776) USt
		2.013,55	**1800** (1200) Bank
2.	**6110** (4130) Ges. soz. Aufw.	646,92	**3740** (1742) Verb. i.R.d.s.S.

AUFGABE 26

zu 1.

	geldwerte Vorteile für Privatfahrten (1 % von 30.600 €*)	306,00 €
	Zuschlag für Fahrten zwischen Wohnung und Arbeitsstätte (0,03 % von 30.600 € x 20 km)	183,60 €
=	**geldwerter Vorteil insgesamt**	**489,60 €**

* 30.677,51 € sind auf volle 100 € abzurunden = 30.600 €.

zu 2.

	Bruttogehalt		2.013,00 €
+	Sachbezug (**Gestellung eines Pkw**)	411,43 €	
	+ 19 % USt	78,17 €	489,60 €
=	steuer- und sozialversicherungspflichtiges Gehalt		2.502,60 €
-	Lohnsteuer/Kirchensteuer/Solidaritätszuschlag		- 350,00 €
-	Sozialversicherungsbeiträge (AN-Anteil)		- 500,00 €
	Nettogehalt		1.652,60 €
-	Sachbezug		- **489,60 €**
=	Auszahlungsbetrag		1.163,00 €
	Sozialversicherungsbeiträge AG		490,00 €

zu 3.

Buchungssatz:

Sollkonto	Betrag (€)	Habenkonto
6020 (4120) Gehälter	2.502,60	
	350,00	**3730** (1741) Verb. aus LSt/KiSt
	500,00	**3740** (1742) Verb. i.R.d.s.S.
	411,43	**4947** (8611) Verr. sonst. Sachb. 19 % USt*
	78,17	**3806** (1776) Umsatzsteuer 19 %
	1.163,00	**3720** (1740) Verb. aus L/G
3720 (1740) Verb. aus L/G	1.163,00	**1800** (1200) Bank
6110 (4130) Ges. soz. Aufw.	490,00	**3740** (1742) Verb. i.R.d.s.S.
3730 (1741) Verb. LSt/KiSt	350,00	**1800** (1200) Bank
3740 (1742) Verb. i.R.d.s.S.	990,00	**1800** (1200) Bank

* Es wird unterstellt, dass durch die Eingabe des Berichtigungsschlüssels 4 die automatische Errechnung der Umsatzsteuer unterbleibt.

AUFGABE 27

Der **geldwerte Vorteil** des Arbeitnehmers beträgt in 2026 – wie die folgende Berechnung zeigt – **920,00 €**:

	Schrank-Endpreis		12.500,00 €
-	**4 %** vom Endpreis (4 % von 12.500 €)	-	500,00 €
	geminderter Endpreis		12.000,00 €
-	bezahlter Preis des Arbeitnehmers	-	10.000,00 €
	Arbeitslohn		2.000,00 €
-	**Rabattfreibetrag** (§ 8 **Abs. 3** EStG)	-	**1.080,00 €**
=	**geldwerter Vorteil**		**920,00 €**

Im Rahmen der Einkommensteuerveranlagung kann der Arbeitnehmer den geldwerten Vorteil wahlweise auch nach § 8 Abs. 2 EStG bewerten lassen.

AUFGABE 28

Der Bezug des Tankgutscheins ist nach § 8 Abs. 2 Satz 11 EStG (40,00 € < 50,00 €) steuerfrei.

Kauf:

Sollkonto	Betrag (€)	Habenkonto
1300 (1500) Sonst. VG	33,61	
1406 (1576) VoSt	6,39	
	40,00	**1600** (1000) Kasse

Übergabe:

Sollkonto	Betrag (€)	Habenkonto
6072 (4152) Sachzuwendungen AN	33,61	**1300** (1500) Sonst. VG
6072 (4152) Sachzuwendungen AN	6,39	**3806** (1776) Umsatzsteuer

Zusammenfassende Erfolgskontrolle

Tz.	Sollkonto	Betrag (€)	Habenkonto
1.	**3841** (1790) USt Verbindl. VJ	15.000,00	**1800** (1200) Bank
2.	**5200** (3200) Wareneingang **1406** (1576) Vorsteuer	100.000,00 19.000,00 119.000,00	 **3300** (1600) Verbindl. aLuL
3.	**1200** (1400) Forderungen aLuL	238.000,00 200.000,00 38.000,00	 **4200** (8200) Erlöse **3806** (1776) Umsatzsteuer
4.	**1800** (1200) Bank **4736** (8736) Gewährte Skonti **3806** (1776) USt	34.986,00 600,00 114,00 35.700,00	 **1200** (1400) Forderungen aLuL
5.	**1340** (1530) Ford. g. Personal	4.000,00	**1600** (1000) Kasse
6.	**6020** (4120) Gehälter **3790** (1755) Lohn- und Gehaltsv. **3790** (1755) Lohn- und Gehaltsv. **3790** (1755) Lohn- und Gehaltsv. **3790** (1755) Lohn- und Gehaltsv. **3720** (1740) Verb. aus L/G	22.000,00 3.270,00 4.675,00 4.000,00 10.055,00 10.055,00	**3790** (1755) Lohn- und Gehaltsv. **3730** (1741) Verb. LSt/KiSt **3740** (1742) Verb. i.R.d.s.S. **1340** (1530) Ford. g. Personal **3720** (1740) Verb. aus L/G **1800** (1200) Bank
7.	**6110** (4130) Ges. soz. Aufw.	4.251,50	**3740** (1742) Verb. i.R.d.s.S.
8.	**3300** (1600) Verbindl. aLuL	642,60 540,00 102,60	 **5200** (3200) Wareneingang **1406** (1576) Vorsteuer
9.	**3730** (1741) Verb. LSt/KiSt	1.981,00	**1800** (1200) Bank
10.	**3740** (1742) Verb. i.R.d.s.S.	6.369,00	**1800** (1200) Bank
11.	**2100** (1800) Privatentnahmen **2100** (1800) Privatentnahmen **2100** (1800) Privatentnahmen	600,00 114,00 150,00	**4645** (8921) Verwendung von G. **3806** (1776) USt 19 % **4639** (8924) Verw. v. G. ohne USt

S	GuVK		H
Wareneingang	104.760,00	Erlöse	199.400,00
Gehälter	22.000,00	Verwendung von G.	600,00
Ges. soz. Aufwendungen	4.251,50	Verw. v. G. ohne USt	150,00
Abschreibungen (insgesamt)	12.500,00		
Eigenkapital (**Gewinn**)	**56.638,50**		
	200.150,00		200.150,00

S	Schlussbilanzkonto (SBK)		H
Waren	60.000,00	Eigenkapital	295.374,50
Bebaute Grundstücke	40.000,00	USt	19.102,60
Geschäftsbauten	76.000,00	Verbindlichkeiten aLuL	168.907,40
Pkw	15.000,00	Verb. aus LSt/KiSt	3.270,00
Ladeneinrichtung	20.500,00	Verb. i. R. d. s. S.	8.926,50
Forderungen aLuL	262.300,00		
Ford. gegenüber Personal	1.000,00		
Bank	20.181,00		
Kasse	600,00		
	495.581,00		495.581,00

6 Finanzwirtschaft

6.1 Kaufmännische Zinsrechnung

AUFGABE 1

$$Z = \frac{K \times p \times t}{100} = \frac{950\,€ \times 4 \times 1}{100} = 38{,}00\,€ \text{ Zinsen}$$

38,00 € Zinsen
+ 950,00 €

988,00 €

AUFGABE 2

Tz.	Kapital	Zinssatz	**Zinsen**
1.	4.350 €	4 %	**174,00€**
2.	4.300 €	4,5 %	**193,50€**
3.	5.600 €	3 %	**168,00€**
4.	7.500 €	3,5 %	**262,50€**

AUFGABE 3

Tz.	Kapital	Zinssatz	Zeit	**Zinsen**
1.	2.500 €	4 %	3 Jahre	**300,00 €**
2.	3.000 €	3,5 %	2 Jahre	**210,00 €**
3.	4.300 €	3 %	3 Jahre	**387,00 €**
4.	7.500 €	4,5 %	4 Jahre	**1.350,00 €**

AUFGABE 4

Tz.	Kapital	Zinssatz	Zeit	**Zinsen**
1.	2.500 €	3 %	124 Tage	**25,83 €**
2.	3.000 €	3,5 %	126 Tage	**36,75 €**
3.	4.500 €	4 %	27 Tage	**13,50 €**
4.	5.000 €	4,5 %	73 Tage	**45,63 €**

AUFGABE 5

Tz.	Zeit	**Tage**
1.	03.01 bis 16.06.	**163**
2.	09.05. bis 20.07.	**71**
3.	11.07. bis 04.11.	**113**
4.	22.11. bis 30.12.	**37**

AUFGABE 6

Tz.	Zinsen	Zinssatz	Zeit	**Kapital**
1.	659,13 €	12 %	127 Tage	**15.570,00 €**
2.	7.200 €	9 %	85 Tage	**338.823,53 €**
3.	228,00 €	6 %	190 Tage	**7.200,00 €**
4.	32,20 €	7 %	45 Tage	**3.680,00 €**

AUFGABE 7

Tz.	Zinsen	Kapital	Zeit	**Zinssatz**
1.	29,00 €	1.740,00 €	75 Tage	**8 %**
2.	3,47 €	650,00 €	48 Tage	**4 %**
3.	40,80 €	2.400,00 €	72 Tage	**8,5 %**
4.	13,89 €	800,00 €	100 Tage	**6,25 %**

AUFGABE 8

Tz.	Zinsen	Kapital	Zinssatz	**Tage**
1.	172,92 €	6.194,00 €	5 %	**201**
2.	1,21 €	831,00 €	3,5 %	**15**
3.	4,95 €	108,00 €	6 %	**275**
4.	120,17 €	3.987,00 €	7 %	**155**

AUFGABE 9

Betrag (€)	fällig am	Tage (bis 31.12.)	Zinszahl (#)
10.000,00	17.07.	163	16.300
20.000,00	16.10.	74	14.800
20.000,00	09.12.	21	4.200

50.000,00 — 35.300 : 40 (Zinsteiler) = **882,50 €**

\+ **882,50 Zinsen**

50.882,50 Bankschuld am 31.12.2026

AUFGABE 10

Betrag (€)	Anlagedatum	Tage (bis 31.12.)	Zinszahl (#)
33.600,00	25.03.	275	92.400
27.100,00	12.06.	198	53.658
15.500,00	23.10.	67	10.385
64.950,00	06.11.	54	35.073

141.150,00 — 191.516 : 80 (Zinsteiler) = **2.393,95 €**

\+ **2.393,95 Zinsen**

143.543,95 Bankguthaben am 31.12.2026

AUFGABE 11

Betrag (€)	fällig am	Tage (bis 31.12.)	Zinszahl (#)
1.560,00	10.02.	320	4.992,00
870,00	19.06.	191	1.661,70
1.840,00	09.10.	81	1.490,40

4.270,00		8.144,10	: 120 (Zinsteiler) = **67,87 €**
+ **67,87**	**Zinsen**		
4.337,87	**Bankguthaben am 31.12.2026**		

6.2 Zahlungsverkehr

AUFGABE 1

Tz.	Betrag		Gegenkonto	Konto
	Soll	Haben	Nr.	Nr.
1.		1.000,00	**1460** (1360)	**1800** (1200)
	1.000,00		**1460** (1360)	**1600** (1000)
2.		500,00	**1460** (1360)	**1600** (1000)
	500,00		**1460** (1360)	**1800** (1200)

AUFGABE 2

Tz.	Betrag		Gegenkonto	Konto
	Soll	Haben	Nr.	Nr.
1.	1.190,00		**10**150	**1800** (1200)
2.	2.380,00		**10**116	**1700** (1100)

AUFGABE 3

Tz.	Betrag		Gegenkonto	Konto
	Soll	Haben	Nr.	Nr.
1.		4.640,00	**70**115	**1800** (1200)
2.		714,00	**70**001	**1700** (1100)

6.3 Darlehen

AUFGABE 1

Tz.	Sollkonto	Betrag (€)	Habenkonto
1.	**1800** (1200) Bank	48.500,00	**3170** (0650) Verbindlichk. g. Kr.
	1940 (0986) Damnum	1.500,00	**3170** (0650) Verbindlichk. g. Kr.
2.	**7320** (2120) Zinsaufwendungen	875,00	**1800** (1200) Bank
3.	**7320** (2120) Zinsaufwendungen	46,88	**1940** (0986) Damnum

zu 2.

$$Z = \frac{K \times p \times t}{100 \times 360} = \frac{50.000\,€ \times 7 \times 90}{100 \times 360} = \mathbf{875{,}00\,€}$$

zu 3.

3 % von 50.000 € = 1.500 € : 8 x 3/12 = **46,88 €**

AUFGABE 2

Tz.	Sollkonto	Betrag (€)	Habenkonto
1.	**1800** (1200) Bank **1940** (0986) Damnum	147.000,00 3.000,00	**3170** (0650) Verbindlichk. g. Kr. **3170** (0650) Verbindlichk. g. Kr.
2.	**7320** (2120) Zinsaufwendungen	9.000,00	**1800** (1200) Bank
3.	**7320** (2120) Zinsaufwendungen	300,00	**1940** (0986) Damnum
4.	**3170** (0650) Verbindlichk. g. Kr.	15.000,00	**1800** (1200) Bank

AUFGABE 3

Tz.	Sollkonto	Betrag (€)	Habenkonto
1.	**1800** (1200) Bank **1940** (0986) Damnum	95.000,00 5.000,00	**3170** (0650) Verbindlichk. g. Kr. **3170** (0650) Verbindlichk. g. Kr.
2.	**7320** (2120) Zinsaufwendungen	6.000,00	**1800** (1200) Bank
3.	**7320** (2120) Zinsaufwendungen	833,33	**1940** (0986) Damnum
4.	**3170** (0650) Verbindlichk. g. Kr.	16.666,67	**1800** (1200) Bank

zu 3.

5.000 € : 6 Jahre = **833,33 €**

zu 4.

100.000 € : 6 Jahre = **16.666,67 €**

AUFGABE 4

Tz.	Sollkonto	Betrag (€)	Habenkonto
1.	**1800** (1200) Bank **1940** (0986) Damnum	145.500,00 4.500,00	**3170** (0650) Verbindlichk. g. Kr. **3170** (0650) Verbindlichk. g. Kr.
2.	**7320** (2120) Zinsaufwendungen	9.000,00	**1800** (1200) Bank
3.	**7320** (2120) Zinsaufwendungen	300,00	**1940** (0986) Damnum
4.	**3170** (0650) Verbindlichk. g. Kr.	6.450,00	**1800** (1200) Bank

zu 3.

4.500 € : 15 Jahre = 300 €

zu 4.

150.000 € x 0,103 = 15.450 € Annuität (Zinsen + Tilgung)
15.450 € - **9.000 € Zinsen** = **6.450 € Tilgung**

AUFGABE 5

Nach dem EStG ist das Damnum (Disagio) als aktiver Rechnungsabgrenzungsposten auszuweisen und auf die Laufzeit des Darlehens zu verteilen.

$$\frac{6.000\,€}{12} = 500\,€ \times 9/12 = \mathbf{375{,}00\,€}$$

Als Zinsaufwendungen dürfen steuerlich nur **375 €** ausgewiesen werden. Da bereits 6.000 € ausgewiesen waren, erfolgt eine Hinzurechnung gemäß § 60 Abs. 2 EStDV um 5.625,00 €.

6.4 Leasing

AUFGABE 1

zu 1. Es liegt ein **Finanzierungs-Leasing** in Form eines **Mobilien-Leasings** vor.

zu 2. Der Leasing-Gegenstand ist dem **Leasinggeber** zuzurechnen, weil die Grundmietzeit (4 Jahre) **80 %** der betriebsgewöhnlichen Nutzungsdauer (5 Jahre) beträgt (mindestens 40 % und höchstens 90 %) und keine Kaufoption besteht.

zu 3. und 4.

Tz.	Sollkonto	Betrag (€)	Habenkonto
3.	**1800** (1200) Bank	5.057,50	
		4.250,00	**4000** (8000) Erlöse aus Leasinggeschäften
		807,50	**3806** (1776) Umsatzsteuer
4.	**6840** (4810) Mietleasing	4.250,00	
	1406 (1576) Vorsteuer	807,50	
		5.057,50	**1800** (1200) Bank

AUFGABE 2

Der Zins- und Kostenanteil muss nach der Zinsstaffelmethode zeitanteilig aufgelöst werden:

1. Jahr:

$$\frac{120.000\,€}{10^{*}} = 12.000\,€ \times (3 + 1) = 48.000\,€ \times 6/12 = \mathbf{24.000\,€}$$

* 1 + 2 + 3 + 4 = 10

Als Zinsaufwendungen dürfen nur **24.000 €** ausgewiesen werden. Da bereits 30.000 € ausgewiesen waren, erfolgt die Korrekturbuchung um 6.000 €.

Korrekturbuchung:

Sollkonto	Betrag (€)	Habenkonto
1900 (0980) Aktive RAP	6.000,00	**7300** (2100) Zinsaufwendungen

AUFGABE 3

1. Zurechnung des Leasinggegenstandes

Der Lkw ist dem Leasing**nehmer** zuzurechnen, da er wirtschaftlicher Eigentümer ist: Die Grundmietzeit (3 Jahre) beträgt 75 % der betriebsgewöhnlichen Nutzungsdauer (4 Jahre) und der vorgesehene Kaufpreis (60.000 €) liegt **unter** dem Restbuchwert am Ende der Grundmietzeit in Höhe von 75.000 € (300.000 € - 3 x jährliche AfA i. H. v. 75.000 €).

2. Zugang des Lkws

Sollkonto	Betrag (€)	Habenkonto
0540 (0350) Lkw **1900** (0980) Aktiver RAP **1406** (1576) Vorsteuer	300.000,00 192.000,00 93.480,00 585.480,00	**3337** (1626) Verbindlichkeiten

	Summe der Leasingraten (netto): 3 x 144.000 €	432.000 €
+	Kaufpreis gemäß Kaufoption (netto)	+ 60.000 €
-	AK des Lkws	- 300.000 €
=	Zins- und Kostenanteil für 3 Jahre (= aktiver RAP)	192.000 €

Der Kaufpreis der Kaufoption ist zu berücksichtigen, da von der Ausübung der Option auszugehen ist: Der Kaufpreis (60.000 €) liegt unter dem gemeinen Wert (75.000 €).

3. Zahlungen

2026:

Umsatzsteuer:

Sollkonto	Betrag (€)	Habenkonto
3337 (1626) Verbindlichkeiten	93.480,00	**1800** (1200) Bank

Die gesamte sich aus dem Leasinggeschäft ergebende Umsatzsteuer ist bei Übergabe des Lkws fällig. Die anschließenden Zahlungen erfolgen dementsprechend netto.

Überweisung der Leasingrate:

Sollkonto	Betrag (€)	Habenkonto
3337 (1626) Verbindlichkeiten	144.000,00	**1800** (1200) Bank

Jahresabschluss:

Sollkonto	Betrag (€)	Habenkonto
6222 (4832) Abschreibungen **6250** (4815) Kaufleasing	75.000,00 96.000,00	**0540** (0350) Lkw **1900** (0980) ARAP

$$\frac{192.000\,€}{6^*} = 32.000\,€ \times (2 + 1) = \mathbf{96.000\,€}$$

Auflösung ARAP 2026:

* 1 + 2 + 3 = 6

2027:

Überweisung der Leasingrate:

Sollkonto	Betrag (€)	Habenkonto
3337 (1626) Verbindlichkeiten	144.000,00	**1800** (1200) Bank

Jahresabschluss:

Sollkonto	Betrag (€)	Habenkonto
6222 (4832) Abschreibungen **6250** (4815) Kaufleasing	75.000,00 64.000,00	**0540** (0350) Lkw **1900** (0980) ARAP

Auflösung ARAP 2027:

$$\frac{192.000\,€}{6^*} = 32.000\,€ \times (1 + 1) = \mathbf{64.000\,€}$$

* 1 + 2 + 3 = 6

4. Übernahme des Lkws:

Sollkonto	Betrag (€)	Habenkonto
3337 (1626) Verbindlichkeiten	60.000,00	**1800** (1200) Bank

AUFGABE 4

Zahlung der Leasingrate und der Sonderzahlung:

Tz.	Sollkonto	Betrag (€)	Habenkonto
1.	**6840** (4810) Mietleasing **1406** (1576) Vorsteuer	480,00 91,20 571,20	 **1800** (1200) Bank
2.	**6840** (4810) Mietleasing **1406** (1576) Vorsteuer	960,00 182,40 1.142,40	 **1800** (1200) Bank

Jahresabschluss:

Sollkonto	Betrag (€)	Habenkonto
1900 (0980) ARAP (480 x $\frac{11}{12}$) **1900** (0980) ARAP (960 x $\frac{47}{48}$)	440,00 940,00	**6840** (4810) Mietleasing **6840** (4810) Mietleasing

6.5 Wechselverkehr

AUFGABE 1

Tz.	Sollkonto	Betrag (€)	Habenkonto
1.	**1200** (1400) Forderungen aLuL	4.760,00 4.000,00 760,00	 **4200** (8200) Erlöse **3806** (1776) Umsatzsteuer
2.	**1230** (1300) Wechsel aLuL	4.760,00	**1200** (1400) Forderungen aLuL
3.	**1200** (1400) Forderungen aLuL	200,00	**7100** (2650) Zinserträge
4.	**1800** (1200) Bank	200,00	**1200** (1400) Forderungen aLuL
5.	**1800** (1200) Bank **6855** (4970) Nebenk. des GV	4.750,00 10,00 4.760,00	 **1230** (1300) Wechsel aLuL

AUFGABE 2

Tz.	Sollkonto	Betrag (€)	Habenkonto
1.	**1800** (1200) Bank **1230** (1300) Wechsel aLuL	5.500,00 5.500,00	**1200** (1400) Forderungen aLuL **1200** (1400) Forderungen aLuL
2.	**1800** (1200) Bank **6855** (4970) Nebenk. des GV	5.489,00 11,00 5.500,00	 **1230** (1300) Wechsel aLuL

AUFGABE 3

Tz.	Sollkonto	Betrag (€)	Habenkonto
1.	**1230** (1300) Wechsel aLuL	8.000,00	**1200** (1400) Forderungen aLuL
2.	**3300** (1600) Verbindl. aLuL	8.000,00	**1230** (1300) Wechsel aLuL
3.	**7310** (2110) Zinsaufwendungen	100,00	**3300** (1600) Verbindl. aLuL

AUFGABE 4

a) Diskontabrechnung der Bank:

	Wechselbetrag		20.000,00 €
-	Diskont (8 % auf 20.000 € für 90 Tage)	-	400,00 €
-	Spesen	-	30,00 €
=	Gutschrift		19.570,00 €

Rechnung für unseren Kunden (Auszug):

	Diskont (8 % auf 20.000 € für 90 Tage)		400,00 €
+	Spesen	30,00 €	
	19 % USt	5,70 €	35,70 €
=	Rechnungsbetrag		435,70 €

b) Buchungssatz:

Tz.	Sollkonto	Betrag (€)	Habenkonto
1.	**1800** (1200) Bank **7340** (2130) Diskontaufw. **6855** (4970) Nebenk. des GV	19.570,00 400,00 30,00 20.000,00	 **1230** (1300) Wechsel aLuL
2.	**1200** (1400) Ford. aLuL	435,70 400,00 30,00 5,70	 **7130** (2670) Diskonterträge **7110** (8650) Erlöse aus Diskont**spesen** **3806** (1776) Umsatzsteuer

AUFGABE 5

Tz.	Sollkonto	Betrag (€)	Habenkonto
1.	**5200** (3200) Wareneingang **1406** (1576) Vorsteuer	12.000,00 2.280,00 14.280,00	 **3300** (1600) Verbindl. aLuL
2.	**3300** (1600) Verbindl. aLuL	14.280,00	**3350** (1660) Schuldwechsel
3.	**3350** (1600) Schuldwechsel **6855** (4970) Nebenk. des GV	14.280,00 20,00 14.300,00	 **1800** (1200) Bank

6.6 Wertpapiere

AUFGABE 1

zu 1.

	Kaufpreis	3.500,00 €
+	ANK	37,80 €
=	Anschaffungskosten (§ 255 Abs. 1 HGB)	**3.537,80 €**

zu 2.

Sollkonto	Betrag (€)	Habenkonto
1510 (1348) Sonstige Wertpapiere	3.537,80	**1800** (1200) Bank

AUFGABE 2

$$1{,}08\,\% = 151{,}20\,€$$
$$101{,}08\,\% = ?$$
$$\frac{151{,}20\,€}{1{,}08} = 140\,€ \times 101{,}08 = \mathbf{14.151{,}20\,€}$$

Die Anschaffungskosten nach § 255 Abs. 1 HGB betragen **14.151,20 €**.

AUFGABE 3

Antwort **(b)** ist richtig.

500 x 10,00 €	5.000,00 €
- 25 % KapESt (25 % von 5.000 €)	- 1.250,00 €
- 5,5 % SolZ (5,5 % von 1.250 €)	- 68,75 €
	3.681,25 €

AUFGABE 4

zu 1.

Sollkonto	Betrag (€)	Habenkonto
2100 (1800) Privatentnahmen	7.362,50	
2150 (1810) Privatsteuern	2.637,50	
	10.000,00	**7103** (2655) Lfd. Erträge aus Anteilen an Kap. Ges.*

* **40 % steuerfrei** nach § 3 Nr. 40 EStG (Teileinkünfteverfahren)

zu 2.

- handelsrechtlicher Ertrag 10.000 €
- steuerpflichtige Betriebseinnahme (60 % von 10.000 €) 6.000 €

AUFGABE 5

zu a)

Sollkonto	Betrag (€)	Habenkonto
1800 (1200) Bank	5.011,29	
2150 (1810) Privatsteuern	118,51	
	4.680,50	**1510** (1348) Sonst. Wertpapiere
	449,30	**4906** (2726) Erträge aus dem Abgang von Gegenständen des UV*

* **40 % steuerfrei** nach § 3 Nr. 40 EStG (Teileinkünfteverfahren)

zu b)

Sollkonto	Betrag (€)	Habenkonto
1800 (1200) Bank	5.253,32	
2150 (1810) Privatsteuern	44,18	
	5.130,00	**1510** (1348) Sonst. Wertpapiere
	167,50	**4906** (2726) Erträge aus dem Abgang von Gegenständen des UV*

* **40 % steuerfrei** nach § 3 Nr. 40 EStG (Teileinkünfteverfahren)

zu c)

Sollkonto	Betrag (€)	Habenkonto
1800 (1200) Bank	3.452,75	
6906 (2326) Verluste a. Abgang*	288,10	
	3.740,85	**1510** (1348) Sonst. Wertpapiere

* nur 60 % Betriebsausgabe nach § 3c EStG

AUFGABE 6

zu 1.

Sollkonto	Betrag (€)	Habenkonto
2100 (1800) Privatentnahmen	4.455,59	
2150 (1810) Privatsteuern	292,57	
	1.109,28	**4906** (2726) Erträge aus dem Abgang von Gegenständen des UV
	3.638,88	**1510** (1348) Sonst. Wertpapiere

zu 2.

Der steuerliche Gewinn erhöht sich nur um 60 % von 1.109,28 € (§ 3 Nr. 40 EStG).

zu 3.

Nach § 8b Abs. 2 KStG wäre der Gewinn in voller Höhe steuerfrei. Allerdings müsste der Gewinn nach § 8b Abs. 3 KStG um 5 % nicht abzugsfähige Betriebsausgaben außerbilanziell erhöht werden.

AUFGABE 7

Verbrauchsfolge: Fifo-Verfahren

	Verkaufserlös		11.000,00 €
-	100 Aktien (06.01.)	-	4.000,00 €
-	100 Aktien (20.01.)	-	5.000,00 €
	Gewinn		2.000,00 €

Sollkonto	Betrag (€)	Habenkonto
1800 (1200) Bank	10.472,50	
2150 (1810) Privatsteuern	527,50	
	2.000,00	**4906** (2726) Erträge aus dem Abgang von Gegenständen des UV
	9.000,00	**1510** (1348) Sonst. Wertpapiere

AUFGABE 8

Obligation (m. Z.)

	Kaufpreis	9.800,00 €
+	Bankgebühren	57,50 €
=	Anschaffungskosten (§ 255 Abs. 1 HGB)	9.857,50 €
+	Stückzinsen	300,00 €
=	Bankbelastung	10.157,50 €

Sollkonto	Betrag (€)	Habenkonto
0900 (0525) Festverzinsliche Wertpapiere	9.857,50	
1300 (1500) Sonst. Vermögensgegenstände	300,00	
	10.157,00	**1800** (1200) Bank

Anleihe (m. Z.)

	Kaufpreis	5.050,00 €
+	Bankgebühren	28,75 €
=	Anschaffungskosten (§ 255 Abs. 1 HGB)	5.078,75 €
+	Stückzinsen	200,00 €
=	Bankbelastung	5.278,75 €

Sollkonto	Betrag (€)	Habenkonto
0900 (0525) Festverzinsliche Wertpapiere	5.078,75	
1300 (1500) Sonst. Vermögensgegenstände	200,00	
	5.278,75	**1800** (1200) Bank

Anleihe (m. Z.)

	Kaufpreis	18.500,00 €
+	Bankgebühren	115,00 €
=	Anschaffungskosten (§ 255 Abs. 1 HGB)	18.615,00 €
+	Stückzinsen	500,00 €
=	Bankbelastung	19.115,00 €

Sollkonto	Betrag (€)	Habenkonto
0900 (0525) Festverzinsliche Wertpapiere	18.615,00	
1300 (1500) Sonst. Vermögensgegenstände	500,00	
	19.115,00	**1800** (1200) Bank

AUFGABE 9

zu 1.

Bruttozinsen: 515,37 € : 73,625 x 100 = **700 € Bruttozinsen**

	Bruttozinsen	700,00 €
-	KapESt (25 % von 700 €)	- 175,00 €
-	SolZ (5,5 % von 175 €)	- 9,63 €
=	Nettozinsen (Bankgutschrift)	**515,37 €**

Sollkonto	Betrag (€)	Habenkonto
1800 (1200) Bank	515,37	
2150 (1810) Privatsteuern	184,63	
	240,00	**1300** (1500) Sonst. Vermögensgegenstände
	460,00	**7100** (2650) Zinserträge

Für die beim Kauf gezahlten Stückzinsen (240 €) wurde im Anschaffungszeitpunkt ein sonstiger Vermögensgegenstand eingebucht, der bei Erhalt der Zinszahlung ausgebucht wird.

zu 2.

	Zinserträge	700,00 €
-	Stückzinsen	- 240,00 €
=	Gewinnauswirkung	+ **460,00 €**

AUFGABE 10

zu 1. Korrektur der Kaufabrechnung

	Kurswert	39.200,00 €
+	Gebühren	230,00 €
=	Anschaffungskosten	39.430,00 €
-	Bankbelastung	39.830,00 €
	Unterschied = Stückzinsen	400,00 €

Sollkonto	Betrag (€)	Habenkonto
1300 (1500) Sonst. Vermögensgegenst.	400,00	**1510** (1348) Sonst. Wertpapiere

zu 2. Korrektur der Ertragsbuchung:

	Zinsen (4 % von 40.000 €)	1.600,00 €
-	KapESt (25 % von 1.600 €)	- 400,00 €
-	SolZ (5,5 % von 400 €)	- 22,00 €
=	Nettozinsen (Bankgutschrift)	1.178,00 €

Sollkonto	Betrag (€)	Habenkonto
2150 (1810) Privatsteuern	422,00	**7100** (2650) Zinserträge
7100 (2650) Zinserträge	400,00	**1300** (1500) Sonst. Vermögensgegenstände

AUFGABE 11

zu 1.

	Kurswert (10.000 € x 102 %)	10.200,00 €
-	Bankprovision, Maklergebühr (0,575 % von 10.000 €)	- 57,50 €
=	Nettoerlös	10.142,50 €
-	Anschaffungskosten	9.442,50 €
=	**Veräußerungsgewinn**	**700,00 €**

zu 2.

	Nettoerlös	10.142,50 €
+	Stückzinsen (4 % von 10.000 € x 9/12) (01.04. - 30.11.)	300,00 €
	Gesamterlös	10.442,50 €
-	Kapitalertragsteuer (25 % auf Gewinn und Stückzinsen)	- 250,00 €
-	Solidaritätszuschlag (5,5 % von 250 €)	- 13,75 €
=	**Bankgutschrift**	**10.178,75 €**

zu 3.

Sollkonto	Betrag (€)	Habenkonto
1800 (1200) Bank	10.178,75	
7630 (2213) Kapitalertragsteuer	250,00	
7608 (2208) Solidaritätszuschlag	13,75	
	9.442,50	**1510** (1348) Sonstige Wertpapiere
	300,00	**7100** (2650) Zinserträge
	700,00	**4906** (2726) Erträge aus Abgang

Zusammenfassende Erfolgskontrolle

Tz.	Sollkonto	Betrag (€)	Habenkonto
1.	**1200** (1400) Forderungen aLuL	59.500,00	
		50.000,00	**4200** (8200) Erlöse
		9.500,00	**3806** (1776) Umsatzsteuer
2.	**1800** (1200) Bank	47.500,00	
	1940 (0986) Damnum/Disagio	2.500,00	
		50.000,00	**3160** (0640) Verbindlichk. g. Kr.
	7320 (2120) Zinsaufwendungen	250,00	**1940** (0986) Damnum/Disagio
3.	**1230** (1300) Wechsel aLuL	2.800,00	**1200** (1400) Forderungen aLuL
4.	**1800** (1200) Bank	2.800,00	**1230** (1300) Wechsel aLuL
	7340 (2130) Diskontaufw.	35,00	**1800** (1200) Bank
5.	**1800** (1200) Bank	294,50	**7100** (2650) Zinserträge
	2150 (1810) Privatsteuern	105,50	**7100** (2650) Zinserträge
6.	**5200** (3200) Wareneingang	8.000,00	
	1406 (1576) Vorsteuer	1.520,00	
		9.520,00	**3300** (1600) Verbindl. aLuL

zu 2.

Zinsaufwand:
Damnum 2.500 € : 5 Jahre = 500 € pro Jahr; 01.07.-31.12.2026 (½ Jahr) = 250 €

S	GuVK		H
Zinsaufwendungen	250,00	Erlöse	50.000,00
Diskontaufwendungen	35,00	Zinserträge	400,00
Wareneingang	30.000,00		
Abschreibungen (insgesamt)	12.000,00		
Eigenkapital (**Gewinn**)	**8.115,00**		
	50.400,00		50.400,00

S	Schlussbilanzkonto (SBK)		H
Bebaute Grundstücke	20.000,00	Eigenkapital	343.009,50
Geschäftsbauten	78.000,00	Verb. gegenüber Kreditinst.	60.000,00
Pkw	15.000,00	Verbindlichkeiten aLuL	14.520,00
Ladeneinrichtung	20.000,00	Umsatzsteuer	7.980,00
Bestand Waren	128.000,00		
Forderungen	76.700,00		
Sonstige Wertpapiere	10.000,00		
Bank	70.559,50		
Kasse	5.000,00		
Damnum/Disagio	2.250,00		
	425.509,50		425.509,50

7 Anlagenwirtschaft

AUFGABE 1

zu 1.

Ermittlung des Kaufpreises:

Grunderwerbsteuer 5 % =	21.000 €
Kaufpreis (Gebäude und Grund und Boden) = (21.000 € : 5 = 4.200 € x 100 = 420.000 €)	**420.000 €**

Buchungssatz:

Sollkonto	Betrag (€)	Habenkonto
0235 (0085) Bebaute Grundstücke	120.000,00	
0240 (0090) Geschäftsbauten	300.000,00	
	420.000,00	**2180** (1890) Privateinlagen

Umbuchung der Grunderwerbsteuer (Anschaffungsnebenkosten)

Buchungssatz:

Sollkonto	Betrag (€)	Habenkonto
0235 (0085) Bebaute Grundstücke	6.000,00	
0240 (0090) Geschäftsbauten	15.000,00	
	21.000,00	**7650** (4340) Sonstige Steuern

Umbuchung der Notariatskosten (Anschaffungsnebenkosten)

Buchungssatz:

Sollkonto	Betrag (€)	Habenkonto
0235 (0085) Beb. Grundstücke	857,00	
0240 (0090) Geschäftsbauten	2.143,00	
	3.000,00	**6825** (4950) Rechts- und Beratungskosten

Ermittlung der Anschaffungskosten:

		Grund und Boden	Gebäude
Kaufpreis	420.000,00 €	120.000,00 €	300.000,00 €
Grunderwerbsteuer	21.000,00 €	6.000,00 €	15.000,00 €
Notar	2.000,00 €	571,00 €	1.429,00 €
Grundbuchamt	1.000,00 €	286,00 €	714,00 €
Summe = **AK**		**126.857,00 €**	**317.143,00 €**

zu 2.

Gewinnauswirkung:

Aktivierung des Grundstücks		0,00 €
Umbuchung der Grunderwerbsteuer	+	21.000,00 €
Umbuchung Notar/Grundbuch	+	3.000,00 €
insgesamt	+	**24.000,00 €**

zu 3.

Ermittlung der Buchwerte zum 31.12.2026

		Grund und Boden	Gebäude
	Anschaffungskosten	126.857,00 €	317.143,00 €
-	Abschreibung nach § 7 Abs. 4 Nr. 1 EStG (3 % von 317.143 € = 9.514 € x 8/12)	0,00 €	- 6.343,00 €
=	Buchwerte zum 31.12.2026	**126.857,00 €**	**310.800,00 €**

AUFGABE 2

zu 1.

Beim Erwerb eines objektiv noch nutzbaren Gebäudes mit Abbruchabsicht gehören die Abbruchkosten und der Buchwert des abgerissenen Gebäudes zu den Herstellungskosten des geplanten Neubaues. Abschreibungszeitraum: April bis einschließlich August (fünf Monate).

Buchwert der „alten" Fabrikhalle:

	Anschaffungskosten	240.000,00 €
-	AfA (3 % von 240.000 € = 7.200 € x 5/12)	- 3.000,00 €
=	Buchwert zum 31.08.2026	**237.000,00 €**

Buchungssatz:

Sollkonto	Betrag (€)	Habenkonto
6221 (4831) Abschreibungen **0710** (0180) Gebäude im Bau	3.000,00 237.000,00 240.000,00	 **0240** (0090) Geschäftsbauten

zu 2.

Die Leistung des Abbruchunternehmers ist eine Leistung nach § 13b Abs. 2 Nr. 4 UStG.

Buchungssatz:

Sollkonto	Betrag (€)	Habenkonto
0710 (0180) Gebäude im Bau **1407** (1577) Vorsteuer § 13b	80.000,00 15.200,00	**3300** (1600) Verbindl. aLuL **3837** (1787) USt § 13b

AUFGABE 3

zu 1.

	Materialeinzelkosten	150.000,00 €	
+	Materialgemeinkosten (20 % von 150.000 €)	30.000,00 €	
	Materialkosten		**180.000,00 €**
	Fertigungslöhne	60.000,00 €	
+	Fertigungsgemeinkosten (80 % von 60.000 €)	48.000,00 €	
	Fertigungskosten		**108.000,00 €**
=	**Herstellungskosten**		**288.000,00 €**

zu 2.

Sollkonto	Betrag (€)	Habenkonto
0240 (0090) Geschäftsbauten	288.000,00	**4820** (8990) Andere akt. Eigenl.

AUFGABE 4

Sollkonto	Betrag (€)	Habenkonto
0650 (0420) Büroeinrichtung	1.500,00	**4820** (8990) Andere akt. Eigenl.

AUFGABE 5

Sollkonto	Betrag (€)	Habenkonto
0640 (0430) Ladeneinrichtung	6.000,00	**4820** (8990) Andere akt. Eigenl.
0640 (0430) Ladeneinrichtung	600,00	**4820** (8990) Andere akt. Eigenl.
0640 (0430) Ladeneinrichtung **1406** (1576) Vorsteuer 19 %	500,00 95,00	**1800** (1200) Bank **1800** (1200) Bank
0640 (0430) Ladeneinrichtung	2.500,00	**4820** (8990) Andere akt. Eigenl.
0640 (0430) Ladeneinrichtung	1.250,00	**4820** (8990) Andere akt. Eigenl.

(Die Herstellungskosten je Schrank betragen 1.085 €, deshalb liegen keine GWG vor.)

AUFGABE 6

Tz.	Sollkonto	Betrag (€)	Habenkonto
1.	**6222** (4832) Abschr. auf Kfz	3.333,00	**0540** (0350) Lkw
2.	**4855** (2315) Anlagenabgänge **1800** (1200) Bank	6.667,00 17.850,00 15.000,00 2.850,00	**0540** (0350) Lkw **4849** (8829) Erlöse aus Verkäufen **3806** (1776) USt

AUFGABE 7

Tz.	Sollkonto	Betrag (€)	Habenkonto
1.	**4855** (2315) Anlagenabgänge	30.000,00	**0215** (0065) Unbebaute Grundst.
2.	**1800** (1200) Bank	40.000,00	**4900** (2720) Erträge aus Abg.

AUFGABE 8

Tz.	Sollkonto	Betrag (€)	Habenkonto
1.	**1800** (1200) Bank	952,00 800,00 152,00	 **6889** (8800) Erlöse aus Verkäufen **3806** (1776) USt
2.	**6895** (2310) Anlagenabgänge	1.000,00	**0650** (0420) Büroeinrichtung

AUFGABE 9

Sollkonto	Betrag (€)	Habenkonto
0520 (0320) Pkw **1406** (1576) Vorsteuer	25.000,00 4.750,00 29.750,00	 **3300** (1600) Verbindl. aLuL
6222 (4832) Abschr. auf Kfz	2.000,00	**0520** (0320) Pkw
4855 (2315) Anlagenabgänge	1.000,00	**0520** (0320) Pkw
3300 (1600) Verbindl. aLuL	5.950,00 5.000,00 950,00	 **4849** (8829) Erlöse aus Verkäufen **3806** (1776) USt
3300 (1600) Verbindl. aLuL	23.800,00	**1800** (1200) Bank

AUFGABE 10

Tz.	Sollkonto	Betrag (€)	Habenkonto
a)	**0675** (0485) Sammelposten **3300** (1600) Verbindl. aLuL **3300** (1600) Verbindl. aLuL **3300** (1600) Verbindl. aLuL	845,36 25,36 4,82 975,80	**0650** (0420) Büroeinrichtung **0675** (0485) Sammelposten **1406** (1576) Vorsteuer **1800** (1200) Bank
b)	**6264** (4862) Abschr. Sammelposten	164,00*	**0675** (0485) Sammelposten

* 20 % von 820 € (845,36 € - 25,36 €) = 164 €
Die Sammelpostenregelung entspricht der Aufgabenstellung.

AUFGABE 11

zu 1.

Grundsatz der Einzelbewertung (§ 252 Abs. 1 Nr. 3 HGB): Der Preisnachlass ist nur dem beschädigten Stuhl zuzurechnen.
AK Stuhl 1 = 1.100 €, AK Stuhl 2 = 900 € (1.100 € - 200 €)

Korrekturbuchungssatz:

Sollkonto	Betrag (€)	Habenkonto
0675 (0485) Sammelposten	900,00	**0650** (0420) Büroeinrichtung

zu 2.

Abschlussbuchungssatz:

Sollkonto	Betrag (€)	Habenkonto
6264 (4862) Abschr. Sammelposten	180,00*	**0675** (0485) Sammelposten
6220 (4830) Abschreibungen	55,00*	**0650** (0420) Büroeinrichtung

* Abschreibungen: AK 900 € (1.100 € - 200 €) x 20 % = 180,00 €
AK 1.100 € x 10 % x 6/12 = 55,00 €

AUFGABE 12

EUSt abziehbar als Vorsteuer (§ 15 UStG); keine AK
Gesamtkaufpreis: 3.900 € + 20 € + 60 € = 3.980 € : 5 = 796 € (= GWG i. S. d. § 6 Abs. 2 EStG; wegen des angestrebten niedrigen steuerlichen Gewinns wird eine sofortige Abschreibung vorgenommen)

Sollkonto	Betrag (€)	Habenkonto
6240 (4855) Sofortabschreibung	3.980,00	
1433 (1588) Bezahlte EUSt	763,80	
	4.743,80	**0650** (0420) Büroeinrichtung

AUFGABE 13

AK/HK	AfA 2026	AfA 2027	AfA 2028	AfA 2029	AfA gesamt
12.000 €	2.400 €	2.400 €	2.400 €	2.400 €	9.600 €
15.000 €		3.000 €	3.000 €	3.000 €	9.000 €
0 €			0 €	0 €	0 €
8.000 €				1.600 €	1.600 €

AUFGABE 14

Anlagevermögen	historische AK/HK €	Zugänge + €	Abgänge – €	Umbuchungen +/– €	Zuschreibungen + €	Abschreibungen **gesamt** – €	**Abschreibungen 2026** – €	**Bilanzwert 31.12. 2026** €
Grundstücke	80.000							80.000
Maschinen		90.000				9.000	9.000	81.000
Betriebs- und Geschäftsausstattung								
Lkw	100.000					40.000	20.000	60.000
Pkw		50.000				10.000	10.000	40.000

AUFGABE 15

Tz.	Sollkonto	Betrag (€)	Habenkonto
1.	**0710** (0120) Fabrikb. im Bau **1406** (1576) Vorsteuer	60.000,00 11.400,00	**1800** (1200) Bank **1800** (1200) Bank
2.	**9998** (9998) SBK	60.000,00	**0710** (0120) Fabrikb. im Bau
3.	**0710** (0120) Fabrikb. im Bau **1406** (1576) Vorsteuer **0710** (0120) Fabrikb. im Bau **1406** (1576) Vorsteuer **0710** (0120) Fabrikb. im Bau **1406** (1576) Vorsteuer	70.000,00 13.300,00 80.000,00 15.200,00 50.000,00 9.500,00	**1800** (1200) Bank **1800** (1200) Bank **1800** (1200) Bank **1800** (1200) Bank **1800** (1200) Bank **1800** (1200) Bank
4.	**0250** (0100) Fabrikbauten	260.000,00	**0710** (0120) Fabrikb. im Bau

AUFGABE 16

Es ist nur der Verkauf zu buchen. Der Anlageabgang ist im Rahmen der Pool-Lösung nicht zu erfassen.

Sollkonto	Betrag (€)	Habenkonto
1600 (1000) Kasse	300,00 252,10 47,90	 **4849** (8829) Erlöse aus Verkäufen **3806** (1776) USt

Zusammenfassende Erfolgskontrolle

Tz.	Sollkonto	Betrag (€)	Habenkonto
1.	**0235** (0085) Bebaute Grundst.	120.000,00	
	0240 (0090) Geschäftsbauten	480.000,00	
		600.000,00	**3300** (1600) Verbindl. aLuL
	0235 (0085) Bebaute Grundst.	7.000,00	
	0240 (0090) Geschäftsbauten	28.000,00	
		35.000,00	**3300** (1600) Verbindl. aLuL
	1406 (1576) Vorsteuer	950,00	**3300** (1600) Verbindl. aLuL
2.	**0520** (0320) Pkw	30.000,00	**3300** (1600) Verbindl. aLuL
	1406 (1576) Vorsteuer	5.700,00	**3300** (1600) Verbindl. aLuL
	6222 (4832) Abschr. auf Kfz	3.600,00	**0520** (0320) Pkw
	4855 (2315) Anlagenabgänge	9.586,00	**0520** (0320) Pkw
	1200 (1400) Forderungen aLuL	10.000,00	**4849** (8829) Erlöse aus Verkäufen
	1200 (1400) Forderungen aLuL	1.900,00	**3806** (1776) USt
3.	**0650** (0420) Büroeinrichtung	4.900,00	**1800** (1200) Bank
	1406 (1576) Vorsteuer	931,00	**1800** (1200) Bank

zu 1.

	Kaufpreis	+	ANK	=	AK
Grund und Boden	120.000 €	+	7.000 €	=	127.000 €
Geschäftsbauten	480.000 €	+	28.000 €	=	508.000 €
	600.000 €	+	35.000 €	=	635.000 €

zu 2.

	Buchwert zum 31.12.2025 lt. Summenbilanz	13.186 €
-	AfA 2026	3.600 €
=	Restwert 31.12.2026	9.586 €

Wird der Verkauf des Pkws über Forderungen aLuL oder Verbindlichkeiten aLuL im Soll gebucht, führt die Buchung zum gleichen Ziel, nämlich zu einem **Gewinn** in Höhe von **11.145,81 €**.

Im Laufe des Jahres wird in der Praxis der Vorgang i.d.R. auf dem Konto Verbindlichkeiten aLuL gebucht, weil man alle Vorgänge, die sachlich zusammenhängen, auf einem Konto haben will.

Zum Schluss des Jahres ist die Buchung auf dem Konto Verbindlichkeiten aLuL problematisch, weil sie gegen das Saldierungsverbot des HGB verstößt. Nach § 246 Abs. 2 HGB dürfen in der Bilanz die Posten der Aktivseite nicht mit Posten der Passivseite verrechnet werden. Da in der Aufgabe der Verkauf des Autos im Dezember 2026 erfolgt, wird in diesem Fall das Konto **Forderungen aLuL** vorgezogen.

Konto-Nr. SKR 04	Umbuchungen		Saldenbilanz II	Schlussbilanz		GuV-Rechnung	
	S	H	S/H	A	P	A	E
0235	127.000,00		127.000,00 S	127.000,00			
0240	508.000,00	1.693,00	506.307,00 S	506.307,00			
0520	30.000,00	17.686,00	25.500,00 S	25.500,00			
0650	4.900,00	735,00	4.165,00 S	4.165,00			
0690		4.601,00	30.287,00 S	30.287,00			
0675		71,73	286,91 S	286,91			
3160			80.661,40 H		80.661,40		
2000	12.852,70		11.379,14 S	11.379,14			
3070							
1900							
1600			11.951,05 S	11.951,05			
1800		5.831,00	14.760,81 H		14.760,81		
1200	11.900,00		11.900,00 S	11.900,00			
1406	7.581,00	20.630,91	3.858,74 S	3.858,74			
3300		671.650,00	675.689,65 H		675.689,65		
3500							
3806	20.630,91	1.900,00					
2100		12.852,70					
7310			3.451,61 S			3.451,61	
7320			4.065,37 S			4.065,37	
4855	9.586,00		9.586,00 S			9.586,00	
5200		3.679,00	78.274,96 S			78.274,96	
1140	3.679,00		49.622,83 S	49.622,83			
6305			4.180,01 S			4.180,01	
6400			1.775,90 S			1.775,90	
6500			2.783,89 S			2.783,89	
6600			980,22 S			980,22	
6220	5.336,00		5.336,00 S			5.336,00	
6221	1.693,00		1.693,00 S			1.693,00	
6222	8.100,00		8.100,00 S			8.100,00	
6264	71,73		71,73 S			71,73	
6800			423,00 S			423,00	
6805			659,50 S			659,50	
6815			468,89 S			468,89	
6827			914,26 S			914,26	
6300			2.831,48 S			2.831,48	
4200			126.741,63 H				126.741,63
4849		10.000,00	10.000,00 H				10.000,00
	751.330,34	751.330,34	907.853,49 S 907.853,49 H	782.257,67	771.111,86	125.595,82	136.741,63
				Gewinn	**11.145,81**	**11.145,81**	
				782.257,67	782.257,67	136.741,63	136.741,63

Abschreibung auf den Sammelposten (Konten 6264 und 0675): 20 % von 358,64 € = **71,73 €**

8 Buchungen im Steuerbereich

8.1 Steuern und steuerliche Nebenleistungen

AUFGABE 1

Die Antwort (c) ist richtig.

Die **Grunderwerbsteuer** ist in der Regel aktivierungspflichtig.

AUFGABE 2

zu 1. **Anschaffungskosten** des Grundstücks:

	Kaufpreis		50.000,00 €
+	Anschaffungsnebenkosten:		
	Grunderwerbsteuer	2.500,00 €	
	Notargebühren	800,00 €	
	Grundbuchgebühr	650,00 €	3.950,00 €
=	**Anschaffungskosten** des Grundstücks		**53.950,00 €**

Zinsen und Damnum gehören als Geldbeschaffungskosten **nicht** zu den Anschaffungskosten des Grundstücks.

zu 2. Buchungssätze:

Sollkonto	Betrag (€)	Habenkonto
0215 (0065) Unbebaute Grundstücke	50.000,00	**1800** (1200) Bank
0215 (0065) Unbebaute Grundstücke	3.950,00	
1406 (1576) Vorsteuer	152,00	
	4.102,00	**1800** (1200) Bank

AUFGABE 3

zu 1. **Anschaffungskosten**:

	Kaufpreis	+	ANK	=	AK
Grund und Boden	100.000,00 €	+	7.000,00 €		**107.000,00 €**
Geschäftsbauten	400.000,00 €	+	28.000,00 €		**428.000,00 €**
	500.000,00 €	+	35.000,00 €		535.000,00 €

zu 2. Buchungssätze

Sollkonto	Betrag (€)	Habenkonto
0235 (0085) Bebaute Grundstücke	100.000,00	**1800** (1200) Bank
0240 (0090) Geschäftsbauten	400.000,00	**1800** (1200) Bank
0235 (0085) Bebaute Grundstücke	7.000,00	**1800** (1200) Bank
0240 (0090) Geschäftsbauten	28.000,00	**1800** (1200) Bank
1406 (1576) Vorsteuer	950,00	**1800** (1200) Bank

AUFGABE 4

Tz.	Sollkonto	Betrag (€)	Habenkonto
1.	**2150** (1810) Privatsteuern	2.330,00	**1800** (1200) Bank
2.	**7610** (4320) GewSt **7680** (2375) Grundsteuer	800,00 300,00 1.100,00	 **1700** (1100) Postbank
3.	**5840** (3850) Zölle u. Ausfuhr.	3.000,00	**3300** (1600) Verbindl. aLuL
4.	**0215** (0065) Unbebaute Grundstücke	7.000,00	**1800** (1200) Bank
5.	**7685** (4510) Kfz-Steuer	780,00	**1700** (1100) Postbank
6.	**1700** (1100) Postbank	3.270,00	**2180** (1890) Privateinlagen
7.	**7640** (2280) Steuernachz. **2150** (1810) Privatsteuern	600,00 545,00 1.145,00	 **1800** (1200) Bank
8.	**0235** (0085) Bebaute Grundstücke **0240** (0090) Geschäftsbauten	1.575,00 8.925,00 10.500,00	 **1800** (1200) Bank
9.	**2150** (1810) Privatsteuern	28.000,00	**1800** (1200) Bank
10.	**1700** (1100) Postbank	200,00	**2180** (1890) Privateinlagen
11.	**2150** (1810) Privatsteuern **6430** (4390) Sonstige Abgaben	70,00 80,00 150,00	 **1800** (1200) Bank

8.2 Steuerliche Sonderfälle

8.2.1 Export – Import

AUFGABE 5

Sollkonto	Betrag (€)	Habenkonto
5425 (3425) Innergemeinschaftl. Erwerb **1404** (1574) Vorsteuer	15.000,00 2.850,00	**3300** (1600) Verbindl. aLuL **3804** (1774) USt

AUFGABE 6

Sollkonto	Betrag (€)	Habenkonto
1200 (1400) Forderungen aLuL	50.000,00	**4125** (8125) Steuerfr. innerg. Lieferung

AUFGABE 7

Sollkonto	Betrag (€)	Habenkonto
1200 (1400) Forderungen aLuL	1.500,00	**4120** (8120) Steuerfreie Umsätze

AUFGABE 8

Sollkonto	Betrag (€)	Habenkonto
5925 (3125) Leistungen e.i.A.a.U.	150.000,00	**3300** (1600) Verbindl. aLuL
1407 (1577) VoSt nach §13b UStG	28.500,00	**3837** (1787) USt nach §13b UStG

8.2.2 Nicht abzugsfähige Betriebsausgaben

AUFGABE 9

zu 1. Buchungssatz:

Sollkonto	Betrag (€)	Habenkonto
6610 (4630) Geschenke abzugsfähig	1.250,00	**1800** (1200) Bank
1406 (1576) Vorsteuer	237,50	**1800** (1200) Bank

zu 2. Gewinnauswirkung:

Die Aufwendungen für die Geschenke dürfen den steuerlichen Gewinn mindern. Bei den Aufwendungen von 1.250 € handelt es sich um **abzugsfähige** Betriebsausgaben (§ 4 Abs. 5 Nr. 1 Satz 2 EStG).

AUFGABE 10

Sollkonto	Betrag (€)	Habenkonto
6620 (4635) Geschenke nicht abzugsfähig	3.000,00	**1800** (1200) Bank
6620 (4635) Geschenke nicht abzugsfähig	570,00	**1800** (1200) Bank

AUFGABE 11

Sollkonto	Betrag (€)	Habenkonto
6620 (4635) Geschenke nicht abzugsfähig	4.760,00	
	4.000,00	**3300** (1600) Verbindl. aLuL
	760,00	**3804** (1774) USt aus i.g.E.

AUFGABE 12

Sollkonto	Betrag (€)	Habenkonto
2100 (1800) Privatentnahmen	41,65	
	35,00	**4600** (8900) Unentgelt. Wertabgabe
	6,65	**3806** (1776) Umsatzsteuer

AUFGABE 13

zu 1. Buchungssatz:

Sollkonto	Betrag (€)	Habenkonto
6640 (4650) Bewirtungskosten	126,00	**1600** (1000) Kasse
6644 (4654) Nicht abzugsfähige BK	54,00	**1600** (1000) Kasse
1406 (1576) Vorsteuer	34,20*	**1600** (1000) Kasse

* Nach § 15 Abs. 1a Satz 2 UStG kann Gillot den vollen Vorsteuerabzug in Höhe von **34,20 €** (19 % von 180 €) geltend machen.

zu 2. Gewinnauswirkung:

126 € (70 % von 180 €) dürfen als Betriebsausgabe abgezogen werden (§ 4 Abs. 5 Nr. 2 EStG).

54 € (30 % von 180 €) dürfen nicht als Betriebsausgabe abgezogen werden (§ 4 Abs. 5 Nr. 2 EStG).

AUFGABE 14

zu 1. Buchungssatz:

Sollkonto	Betrag (€)	Habenkonto
6640 (4650) Bewirtungskosten	112,00	**1600** (1000) Kasse
6644 (4654) Nicht abzugsfähige BK	48,00	**1600** (1000) Kasse
6644 (4654) Nicht abzugsfähige BK	157,00	**1600** (1000) Kasse
1406 (1576) Vorsteuer	16,00*	**1600** (1000) Kasse

* Nach § 15 Abs. 1a Satz 2 UStG kann Krank den vollen Vorsteuerabzug auf die angemessenen Bewirtungskosten in Höhe von 16,00 € (19 % von 160 €) geltend machen.

zu 2. Gewinnauswirkung:

112 € (70 % von 160 €) dürfen als Betriebsausgabe abgezogen werden (§ 4 Abs. 5 Nr. 2 EStG).

48 € (30 % von 160 €) dürfen nicht als Betriebsausgabe abgezogen werden (§ 4 Abs. 5 Nr. 2 EStG).

157,00 € (140 € + 17 € = 157,00 €) dürfen **nicht** als Betriebsausgabe abgezogen werden (§ 4 Abs. 5 Nr. 2 EStG). Der Anteil der nicht abzugsfähigen Vorsteuer in Höhe von 17 € ergibt sich durch Abzug der auf den angemessenen Betrag entfallenden Vorsteuer (16 €) von der Gesamtsumme der Vorsteuer (33 €).

8.2.3 Reisekosten

AUFGABE 15

zu 1. 270 x 0,30 x 2 = **162 €**

zu 2.

Sollkonto	Betrag (€)	Habenkonto
6670 (4670) Reisekosten Unternehmer	162,00	**1600** (1000) Kasse

AUFGABE 16

zu 1. 270 x 0,30 x 2 = **162 €**

zu 2.

Sollkonto	Betrag (€)	Habenkonto
6650 (4660) Reisekosten Arbeitnehmer	162,00	**1600** (1000) Kasse

AUFGABE 17

zu 1.

Kilometerpauschale		
150 x 0,30 x 2	=	90 €
Verpflegungspauschale		
14 + 28 + 28 + 14	=	84 €
Übernachtungspauschale		
20 x 3 (R 9.7 Abs. 3 LStR 2015)	=	60 €
Betriebsausgabe insgesamt		**234 €**

zu 2.

Sollkonto	Betrag (€)	Habenkonto
6650 (4660) Reisekosten Arbeitnehmer	234,00	**1600** (1000) Kasse

Zusammenfassende Erfolgskontrolle

Tz.	Sollkonto	Betrag (€)	Habenkonto
1.	**3841** (1790) USt-Verbindl. VJ	18.700,00	**1800** (1200) Bank
2.	**5200** (3200) Wareneingang **1406** (1576) Vorsteuer	142.000,00 26.980,00 168.980,00	 **3300** (1600) Verbindl. aLuL
3.	**1200** (1400) Forderungen aLuL	603.330,00 507.000,00 96.330,00	 **4200** (8200) Erlöse **3806** (1776) USt
4.	**2100** (1800) Privatentnahmen **2100** (1800) Privatentnahmen	3.570,00 3.000,00 570,00 1.200,00	 **4645** (8921) Verwendung v. G. **3806** (1776) USt 19 % **4639** (8924) Verw. v. G. o. USt
5.	**2100** (1800) Privatentnahmen	1.200,00	**6805** (4920) Telefon
6.	**6020** (4120) Gehälter **6080** (4170) VwL **3790** (1755) Lohn- und Gehaltsv. **3790** (1755) Lohn- und Gehaltsv. **3790** (1755) Lohn- und Gehaltsv. **3790** (1755) Lohn- und Gehaltsv. **3720** (1740) Verb. aus L/G **6110** (4130) Ges. soz. Aufw.	2.122,00 39,17 280,00 420,00 39,17 1.422,00 1.422,00 410,00	**3790** (1755) Lohn- u. Gehaltsv. **3790** (1755) Lohn- u. Gehaltsv. **3730** (1741) Verb. LSt/KiSt **3740** (1742) Verb. i. R. d. s. S. **3770** (1750) Verb. auf Vermb. **3720** (1740) Verb. aus L/G **1800** (1200) Bank **3740** (1742) Verb. i. R. d. s. S.
7.	**5425** (3425) Innerg. Erwerb **1404** (1574) VoSt aus innerg. Erw.	10.000,00 1.900,00	**3300** (1600) Verbindl. aLuL **3804** (1774) USt aus i. g. E.
8.	**6640** (4650) Bewirtungskosten **6644** (4654) Nicht abzugsfähige BK **1406** (1576) Vorsteuer	420,00 180,00 114,00 714,00	 **1600** (1000) Kasse

S	Schlussbilanzkonto (SBK)		H
Bebaute Grundstücke	45.000,00	Eigenkapital	657.258,83
Geschäftsbauten	116.000,00	USt	69.806,00
Pkw	40.000,00	Verbindlichkeiten aLuL	348.180,00
Ladeneinrichtung	50.000,00	Verbindlichkeiten LSt/KiSt	5.900,00
Waren	60.000,00	Verbindlichkeiten i. R. d. s. S.	7.310,00
Forderungen aLuL	737.230,00	Verb. aus Vermögensbild.	39,17
Bank	33.678,00		
Kasse	6.586,00		
	1.088.494,00		1.088.494,00

S	GuVK		H
Wareneingang	257.000,00	Verwendung von Gegenst.	3.000,00
Gehälter	2.122,00	Verw. von Gegenst. ohne USt	1.200,00
vwL	39,17	Erlöse	507.000,00
Ges. soz. Aufwendungen	410,00	Telefon	1.200,00
Innergem. Erwerb	10.000,00		
Bewirtungskosten	420,00		
Nicht abz. Bewirtungskosten	180,00		
Abschreibungen (insgesamt)	24.000,00		
Eigenkapital (**Gewinn**)	**218.228,83**		
	512.400,00		512.400,00

Steuerrechtliche Gewinnermittlung außerhalb der Buchführung:

	Eigenkapital am Ende des Wj		657.258,83 €
-	Eigenkapital am Anfang des Wj	-	445.000,00 €
	Unterschiedsbetrag		212.258,83 €
+	Privatentnahmen		5.970,00 €
=	**Gewinn lt. GuVK**		**218.228,83 €**
+	nicht abzugsfähige Bewirtungskosten		180,00 €
=	**steuerrechtlicher Gewinn**		**218.408,83 €**

Teil 2: Zusätzliche Aufgaben und Lösungen

AUFGABE

Der Unternehmer Peter Schneider, Saarbrücken, hat durch Inventur am 01.01.2026 folgende Anfangsbestände ermittelt:

Anfangsbestände	€
0235 (0085) Bebaute Grundstücke	100.000,00
0250 (0100) Fabrikbauten	240.000,00
0440 (0210) Maschinen	50.000,00
0520 (0320) Pkw	35.000,00
0650 (0420) Büroeinrichtung	15.500,00
1140 (3980) Bestand Waren	43.000,00
1200 (1400) Forderungen aLuL	45.500,00
1406 (1576) Vorsteuer 19 %	0,00
1800 (1200) Bankguthaben	11.000,00
1600 (1000) Kasse	13.000,00
3160 (0640) Verbindlichkeiten gegenüber Kreditinstituten	100.000,00
3300 (1600) Verbindlichkeiten aLuL	31.000,00
3806 (1776) USt 19 %	10.000,00
2000 (0800) Eigenkapital	412.000,00

Außer den **Bestandskonten** sind die folgenden **Erfolgskonten** zu führen:

5200 (3200) **Wareneingang**, **6815** (4930) **Bürobedarf**, **6500** (4500) **Fahrzeugkosten**, **4200** (8200) **Erlöse**, **6220** (4830) **Abschreibungen**, **6221** (4831) **Abschreibungen auf Gebäude**, **6222** (4832) **Abschreibungen auf Kfz**.

Geschäftsvorfälle des Jahres 2026			€
1.	Kauf von Waren auf Ziel, netto	5.000,00	
	+ USt	950,00	5.950,00
2.	Barkauf einer Rechenmaschine, netto	2.000,00	
	+ USt	380,00	2.380,00
3.	Banküberweisung an Lieferer zum Ausgleich einer Verbindlichkeit aLuL		8.200,00
4.	Banküberweisung von Kunden zum Ausgleich einer Forderung aLuL		12.500,00
5.	Banküberweisung der Umsatzsteuerschuld (Zahllast)		10.000,00
6.	Verkauf von Waren auf Ziel, netto	10.000,00	
	+ USt	1.900,00	11.900,00
7.	Kauf eines gemischt genutzten Pkws auf Ziel, netto	20.000,00	
	+ USt	3.800,00	23.800,00
8.	Barkauf von Benzin für gemischt genutzten Pkw, brutto einschließlich 19 % USt		53,55
9.	Warenverkauf auf Ziel, netto	50.000,00	
	+ USt	9.500,00	59.500,00
10.	Barkauf von Schreibmaterial, netto	360,00	
	+ USt	68,40	428,40

Abschlussangaben		€
11.	Warenschlussbestand laut Inventur	40.000,00
12.	Abschreibungen auf Fabrikbauten	15.000,00
13.	Abschreibungen auf Maschinen	5.000,00
14.	Abschreibungen auf Pkw	6.000,00
15.	Abschreibungen auf Büroeinrichtung	4.000,00

Aufgaben

1. Bilden Sie die Buchungssätze der Geschäftsvorfälle des Jahres 2026.
2. Tragen Sie die Anfangsbestände auf den Konten vor.
3. Buchen Sie die Geschäftsvorfälle.
4. Schließen Sie die Konten ab.

Lösung

Tz.	Sollkonto	Betrag (€)	Habenkonto
1.	**5200** (3200) Wareneingang **1406** (1576) Vorsteuer	5.000,00 950,00 5.950,00	 **3300** (1600) Verbindl. aLuL
2.	**0650** (0420) Büroeinrichtung **1406** (1576) Vorsteuer	2.000,00 380,00 2.380,00	 **1600** (1000) Kasse
3.	**3300** (1600) Verbindl. aLuL	8.200,00	**1800** (1200) Bank
4.	**1800** (1200) Bank	12.500,00	**1200** (1400) Forderungen aLuL
5.	**3806** (1776) USt	10.000,00	**1800** (1200) Bank
6.	**1200** (1400) Forderungen aLuL	11.900,00 10.000,00 1.900,00	 **4200** (8200) Erlöse **3806** (1776) USt
7.	**0520** (0320) Pkw **1406** (1576) Vorsteuer	20.000,00 3.800,00 23.800,00	 **3300** (1600) Verbindl. aLuL
8.	**6500** (4500) Fahrzeugkosten **1406** (1576) Vorsteuer	45,00 8,55 53,55	 **1600** (1000) Kasse
9.	**1200** (1400) Forderungen aLuL	59.500,00 50.000,00 9.500,00	 **4200** (8200) Erlöse **3806** (1776) USt
10.	**6815** (4930) Bürobedarf **1406** (1576) Vorsteuer	360,00 68,40 428,40	 **1600** (1000) Kasse

S	GuVK		H
Wareneingang	8.000,00	Erlöse	60.000,00
Abschreibungen (insgesamt)	30.000,00		
Bürobedarf	360,00		
Fahrzeugkosten	45,00		
Eigenkapital (**Gewinn**)	**21.595,00**		
	60.000,00		60.000,00

S	Schlussbilanzkonto (SBK)		H
Bebaute Grundstücke	100.000,00	Eigenkapital	433.595,00
Fabrikbauten	225.000,00	Verb. geg. Kreditinst.	100.000,00
Maschinen	45.000,00	Verbindlichkeiten aLuL	52.550,00
Pkw	49.000,00	USt	6.193,05
Büroeinrichtung	13.500,00		
Waren	40.000,00		
Forderungen aLuL	104.400,00		
Kasse	10.138,05		
Bank	5.300,00		
	592.338,05		592.338,05

AUFGABE

Der Unternehmer Jürgen Rudolf, Bonn, hat durch Inventur am 01.01.2026 folgende Anfangsbestände ermittelt:

Anfangsbestände	€
0520 (0320) Pkw	61.000,00
0640 (0430) Ladeneinrichtung	14.000,00
1140 (3980) Bestand Waren	71.300,00
1200 (1400) Forderungen aLuL	38.970,00
1406 (1576) Vorsteuer 19 %	0,00
1600 (1000) Kasse	3.700,00
1700 (1100) Postbank	1.200,00
1800 (1200) Bankguthaben	9.830,00
2000 (0800) Eigenkapital	?
3300 (1600) Verbindlichkeiten aLuL	45.620,00
3806 (1776) USt 19 %	4.380,00

Außer den **Bestandskonten** sind die folgenden **Erfolgskonten** zu führen:

5200 (3200) **Wareneingang**, **4200** (8200) **Erlöse**, **6540** (4540) **Kfz-Reparaturen**, **6010** (4110) **Löhne**, **6815** (4930) **Bürobedarf**, **6805** (4920) **Telefon**, **6600** (4600) **Werbekosten**, **6220** (4830) **Abschreibungen**, **6222** (4832) **Abschreibungen auf Kfz**.

Geschäftsvorfälle des Jahres 2026		€
1. Kauf von Waren auf Ziel, netto	74.000,00	
+ USt	14.060,00	88.060,00
2. Verkauf von Waren auf Ziel, netto	126.000,00	
+ USt	23.940,00	149.940,00
3. Zahlung von Kunden zum Ausgleich der Forderungen aLuL		
durch Banküberweisung		83.400,00
durch Postbanküberweisung		18.300,00
durch Barzahlung		9.740,00
4. Zahlungen an Lieferer zum Ausgleich der Verbindlichkeiten aLuL		
durch Banküberweisung		59.360,00
durch Postbanküberweisung		16.270,00
5. Barzahlung für Autoreparatur*, netto	1.850,00	
+ USt	351,50	2.201,50
6. Lohnzahlung durch Banküberweisung		18.900,00
7. Banküberweisung der Umsatzsteuerschuld (Zahllast)		4.380,00
8. Barkauf von Büromaterial, netto	175,44	
+ USt	33,34	208,78
9. Banküberweisung der Telefongebühren**, netto	530,00	
+ USt	100,70	630,70
10. Banküberweisung der USt-Vorauszahlung		5.300,00
11. Postbanküberweisung für eine Werbeanzeige, netto	560,00	
+ USt	106,40	666,40
Abschlussangaben		**€**
12. Warenschlussbestand lt. Inventur		56.520,00
13. Abschreibungen auf Pkw		6.000,00
14. Abschreibungen auf Ladeneinrichtung		4.000,00

* Das Kraftfahrzeug wird nur betrieblich genutzt.

** Die Telefonanlage wird nur betrieblich genutzt.

Aufgaben

1. Bilden Sie die Buchungssätze der Geschäftsvorfälle des Jahres 2026.
2. Tragen Sie die Anfangsbestände auf den Konten vor.
3. Buchen Sie die Geschäftsvorfälle.
4. Schließen Sie die Konten ab.

Lösung

Tz.	Sollkonto	Betrag (€)	Habenkonto
1.	**5200** (3200) Wareneingang **1406** (1576) Vorsteuer	74.000,00 14.060,00	**3300** (1600) Verbindl. aLuL **3300** (1600) Verbindl. aLuL
2.	**1200** (1400) Forderungen aLuL **1200** (1400) Forderungen aLuL	126.000,00 23.940,00	**4200** (8200) Erlöse **3806** (1776) USt
3.	**1800** (1200) Bank **1700** (1100) Postbank **1600** (1000) Kasse	83.400,00 18.300,00 9.740,00	**1200** (1400) Forderungen aLuL **1200** (1400) Forderungen aLuL **1200** (1400) Forderungen aLuL
4.	**3300** (1600) Verbindl. aLuL **3300** (1600) Verbindl. aLuL	59.360,00 16.270,00	**1800** (1200) Bank **1700** (1100) Postbank
5.	**6540** (4540) Kfz-Reparaturen **1406** (1576) Vorsteuer	1.850,00 351,50	**1600** (1000) Kasse **1600** (1000) Kasse
6.	**6010** (4110) Löhne	18.900,00	**1800** (1200) Bank
7.	**3806** (1776) USt	4.380,00	**1800** (1200) Bank
8.	**6815** (4930) Bürobedarf **1406** (1576) Vorsteuer	175,44 33,34	**1600** (1000) Kasse **1600** (1000) Kasse
9.	**6805** (4920) Telefon **1406** (1576) Vorsteuer	530,00 100,70	**1800** (1200) Bank **1800** (1200) Bank
10.	**3806** (1776) USt	5.300,00	**1800** (1200) Bank
11.	**6600** (4600) Werbekosten **1406** (1576) Vorsteuer	560,00 106,40	**1700** (1100) Postbank **1700** (1100) Postbank

S	GuVK		H
Wareneingang	88.780,00	Erlöse	126.000,00
Abschreibungen (insgesamt)	10.000,00		
Kfz-Reparaturen	1.850,00		
Löhne	18.900,00		
Bürobedarf	175,44		
Telefon	530,00		
Werbekosten	560,00		
Eigenkapital	**5.204,56**		
	126.000,00		126.000,00

S	Schlussbilanzkonto (SBK)		H
Pkw	55.000,00	Eigenkapital	155.204,56
Ladeneinrichtung	10.000,00	Verbindlichkeiten aLuL	58.050,00
Waren	56.520,00	USt	3.988,06
Forderungen aLuL	77.470,00		
Kasse	11.029,72		
Postbank	2.563,60		
Bank	4.659,30		
	217.242,62		217.242,62

AUFGABE

Der Unternehmer Jürgen Kohler, Dortmund, hat durch Inventur am 01.01.2026 folgende Anfangsbestände ermittelt:

Anfangsbestände	€
0520 (0320) Pkw	80.000,00
0640 (0430) Ladeneinrichtung	240.000,00
0650 (0420) Büroeinrichtung	80.000,00
1140 (3980) Bestand Waren	72.000,00
1200 (1400) Forderungen aLuL	54.000,00
1406 (1576) Vorsteuer 19 %	0,00
1800 (1200) Bankguthaben	66.000,00
1600 (1000) Kasse	8.000,00
3160 (0640) Verbindlichkeiten gegenüber Kreditinstituten	180.000,00
3300 (1600) Verbindlichkeiten aLuL	46.000,00
3806 (1776) Umsatzsteuer 19 %	14.000,00
2000 (0800) Eigenkapital	?

Außer den **Bestandskonten** und dem Konto **2100** (1800) **Privatentnahmen** sind folgende **Erfolgskonten** zu führen:

5200 (3200) **Wareneingang**, **4200** (8200) **Erlöse**, **6020** (4120) **Gehälter**, **7620** (4330) **Gewerbesteuer**, **6540** (4540) **Kfz-Reparaturen**, **6220** (4830) **Abschreibungen auf Sachanlagen**, **6222** (4832) **Abschreibungen auf Kfz**.

Geschäftsvorfälle des Jahres 2026		€
1. Banküberweisung der Umsatzsteuerschuld (Zahllast)		14.000,00
2. Wareneinkauf auf Ziel, netto	340.000,00	
+ USt	64.600,00	404.600,00
3. Warenverkauf auf Ziel, netto	280.000,00	
+ USt	53.200,00	333.200,00
4. Warenverkauf gegen Banküberweisung, netto	220.000,00	
+ USt	41.800,00	261.800,00
5. Tilgung des Bankdarlehens Der Betrag wird dem laufenden Bankkonto belastet.		30.000,00
6. Banküberweisung an Lieferer		325.000,00
7. Banküberweisung von Kunden		230.000,00
8. Barzahlung von Kunden zum Ausgleich einer Forderung		64.000,00
9. Gehaltszahlung durch Banküberweisung		62.000,00
10. Banküberweisung der Gewerbesteuer		2.000,00
11. Barzahlung einer Kfz-Reparatur, netto	1.500,00	
+ USt	285,00	1.785,00
12. Privatentnahme, bar		2.300,00
13. Kauf einer Büromaschine auf Ziel, netto	5.400,00	
+ USt	1.026,00	6.426,00

Abschlussangaben		€
14.	Warenschlussbestand laut Inventur	104.000,00
15.	Abschreibung auf Pkw	20.000,00
16.	Abschreibung auf Ladeneinrichtung	48.000,00
17.	Abschreibung auf Büroeinrichtung	16.000,00

Aufgaben

1. Bilden Sie die Buchungssätze der Geschäftsvorfälle 2026.
2. Tragen Sie die Anfangsbestände auf den Konten vor.
3. Buchen Sie die Geschäftsvorfälle.
4. Schließen Sie die Konten ab.
5. Erstellen Sie die Bilanz zum 31.12.2026 nach dem handelsrechtlichen Gliederungs-schema.

Lösung

Tz.	Sollkonto	Betrag (€)	Habenkonto
1.	**3806** (1776) USt	14.000,00	**1800** (1200) Bank
2.	**5200** (3200) Wareneingang **1406** (1576) Vorsteuer	340.000,00 64.600,00	**3300** (1600) Verbindl. aLuL **3300** (1600) Verbindl. aLuL
3.	**1200** (1400) Forderungen aLuL **1200** (1400) Forderungen aLuL	280.000,00 53.200,00	**4200** (8200) Erlöse **3806** (1776) USt
4.	**1800** (1200) Bank **1800** (1200) Bank	220.000,00 41.800,00	**4200** (8200) Erlöse **3806** (1776) USt
5.	**3160** (0640) Verb. gegenüber Kr.	30.000,00	**1800** (1200) Bank
6.	**3300** (1600) Verbindl. aLuL	325.000,00	**1800** (1200) Bank
7.	**1800** (1200) Bank	230.000,00	**1200** (1400) Forderungen aLuL
8.	**1600** (1000) Kasse	64.000,00	**1200** (1400) Forderungen aLuL
9.	**6020** (4120) Gehälter	62.000,00	**1800** (1200) Bank
10.	**7620** (4330) Gewerbesteuer	2.000,00	**1800** (1200) Bank
11.	**6540** (4540) Kfz-Reparaturen **1406** (1576) Vorsteuer	1.500,00 285,00	**1600** (1000) Kasse **1600** (1000) Kasse
12.	**2100** (1800) Privatentnahmen	2.300,00	**1600** (1000) Kasse
13.	**0650** (0420) Büroeinrichtung **1406** (1576) Vorsteuer	5.400,00 1.026,00	**3300** (1600) Verbindl. aLuL **3300** (1600) Verbindl. aLuL

S	GuVK		H
Wareneingang	308.000,00	Erlöse	500.000,00
Gehälter	62.000,00		
Gewerbesteuer	2.000,00		
Kfz-Reparaturen	1.500,00		
Abschreibungen (insgesamt)	84.000,00		
Eigenkapital (**Gewinn**)	**42.500,00**		
	500.000,00		500.000,00

S	Schlussbilanzkonto (SBK)		H
Pkw	60.000,00	Eigenkapital	400.200,00
Ladeneinrichtung	192.000,00	Verbindl. gegen. Kreditinst.	150.000,00
Büroeinrichtung	69.400,00	Verbindlichkeiten aLuL	132.026,00
Waren	104.000,00	USt	29.089,00
Forderungen aLuL	93.200,00		
Bank	124.800,00		
Kasse	67.915,00		
	711.315,00		711.315,00

Aktiva	**Bilanz** zum 31.12.2026		Passiva
A. Anlagevermögen		**A. Eigenkapital**	400.200,00
I. Sachanlagen			
1. Betriebs- und Geschäftsausstattung	321.400,00	**B. Verbindlichkeiten**	
		1. Verbindlichkeiten gegenüber Kreditinstituten	150.000,00
B. Umlaufvermögen		2. Verbindlichkeiten aus Lieferungen und Leistungen	132.026,00
I. Vorräte		3. sonstige Verbindlichkeiten	29.089,00
1. Waren	104.000,00		
II. Forderungen			
1. Forderungen aLuL	93.200,00		
III. Kassenbestand und Guthaben bei Kreditinstituten	192.715,00		
	711.315,00		711.315,00

04.03.2027 *Jürgen Köhler*

AUFGABE

Der Unternehmer Christoph Klein, Berlin, hat durch Inventur am 01.01.2026 folgende Anfangsbestände ermittelt:

Anfangsbestände	€
0235 (0085) Bebaute Grundstücke	10.000,00
0240 (0090) Geschäftsbauten	90.000,00
0640 (0430) Ladeneinrichtung	20.000,00
1140 (3980) Bestand Waren	50.000,00
1200 (1400) Forderungen aLuL	20.000,00
1406 (1576) Vorsteuer 19 %	0,00
1800 (1200) Bankguthaben	15.000,00
1600 (1000) Kasse	5.000,00
3300 (1600) Verbindlichkeiten aLuL	15.000,00
3806 (1776) Umsatzsteuer 19 %	5.000,00
2000 (0800) Eigenkapital	190.000,00

Geschäftsvorfälle des Jahres 2026		€
1. Zinsgutschrift der Bank		200,00
2. Lieferer stellt Verzugszinsen in Rechnung		300,00
3. Banküberweisung an Lieferer nach Abzug von 2 % Skonto		1.399,44
4. Lastschrift der Bank für Kontokorrentzinsen		280,00
5. Lieferer stellt Diskont in Rechnung		80,00
6. Banküberweisung für Grundsteuer		200,00
7. Banküberweisung für Außenanstrich des Geschäftsgebäudes, netto	10.000,00	
+ USt	1.900,00	11.900,00
8. Banküberweisung eines Kunden nach Abzug von 2 % Skonto		2.332,40
9. Warenverkauf auf Ziel, netto	45.000,00	
+ USt	8.550,00	53.550,00
10. Wareneinkauf auf Ziel, netto	50.000,00	
+ USt	9.500,00	59.500,00
Abschlussangaben		**€**
11. Warenendbestand lt. Inventur		15.000,00
12. Abschreibung auf Geschäftsbauten		500,00
13. Abschreibung auf Ladeneinrichtung		500,00

Aufgaben

1. Bilden Sie die Buchungssätze der Geschäftsvorfälle des Jahres 2026.
2. Tragen Sie die Anfangsbestände auf den Konten vor.
3. Buchen Sie die Geschäftsvorfälle.
4. Schließen Sie die Konten ab.
5. Ermitteln Sie den Erfolg.

Lösung:

Tz.	Sollkonto	Betrag (€)	Habenkonto
1.	**1800** (1200) Bank	200,00	**7100** (2650) Zinserträge
2.	**7310** (2110) Zinsaufwendungen	300,00	**3300** (1600) Verbindl. aLuL
3.	**3300** (1600) Verbindl. aLuL	1.428,00 24,00 4,56 1.399,44	 **5736** (3736) Erhaltene Skonti **1406** (1576) Vorsteuer **1800** (1200) Bank
4.	**7310** (2110) Zinsaufwendungen	280,00	**1800** (1200) Bank
5.	**7340** (2130) Diskontaufwendungen	80,00	**3300** (1600) Verbindl. aLuL
6.	**7680** (2375) Grundsteuer	200,00	**1800** (1200) Bank
7.	**6350** (2350) Grundstücksaufw. **1406** (1576) Vorsteuer	10.000,00 1.900,00 11.900,00	 **1800** (1200) Bank
8.	**1800** (1200) Bank **4736** (8736) Gewährte Skonti **3806** (1776) USt	2.332,40 40,00 7,60 2.380,00	 **1200** (1400) Forderungen aLuL
9.	**1200** (1400) Forderungen aLuL	53.550,00 45.000,00 8.550,00	 **4200** (8200) Erlöse **3806** (1776) USt
10.	**5200** (3200) Wareneingang **1406** (1576) Vorsteuer	50.000,00 9.500,00	**3300** (1600) Verbindl. aLuL **3300** (1600) Verbindl. aLuL

S	GuVK		H
Wareneingang	84.976,00	Erlöse	44.960,00
Zinsaufwendungen	580,00	Zinserträge	200,00
Diskontaufwendungen	80,00	EK (**Verlust**)	**51.676,00**
Grundsteuer	200,00		
Grundstücksaufw.	10.000,00		
Abschr. auf Sachanlagen	1.000,00		
	96.836,00		96.836,00

S	Schlussbilanzkonto (SBK)		H
Bebaute Grundstücke	10.000,00	Eigenkapital	138.324,00
Geschäftsbauten	89.500,00	Verbindlichkeiten aLuL	73.452,00
Ladeneinrichtung	19.500,00	Umsatzsteuer	2.146,96
Waren	15.000,00		
Forderungen aLuL	71.170,00		
Kasse	5.000,00		
Bank	3.752,96		
	213.922,96		213.922,96

AUFGABE

Der Unternehmer Dieter Höhn, München, hat durch Inventur am 01.01.2026 folgende Anfangsbestände ermittelt:

Anfangsbestände	€
0235 (0085) Bebaute Grundstücke	20.000,00
0240 (0090) Geschäftsbauten	80.000,00
0520 (0320) Pkw	20.000,00
0640 (0430) Ladeneinrichtung	25.000,00
1140 (3980) Bestand Waren	150.000,00
1200 (1400) Forderungen aLuL	20.000,00
1406 (1576) Vorsteuer 19 %	0,00
1800 (1200) Bankguthaben	20.000,00
1600 (1000) Kasse	5.000,00
3160 (0640) Verbindlichkeiten gegenüber Kreditinstituten	10.000,00
3300 (1600) Verbindlichkeiten aLuL	5.000,00
2000 (0800) Eigenkapital	325.000,00

	Geschäftsvorfälle des Jahres 2026		€
1.	Kauf von Waren auf Ziel, netto	8.000,00	
	+ USt	1.520,00	9.520,00
2.	Banküberweisung eines Kunden nach Abzug von 2 % Skonto		1.749,30
3.	Banküberweisung an Lieferer nach Abzug von 2 % Skonto		2.915,50
4.	Verkauf von Waren auf Ziel, netto	50.000,00	
	+ USt	9.500,00	59.500,00
5.	Unerwartete Erstattung an Gewerbesteuer für das Vorjahr durch Banküberweisung		500,00
6.	Banklastschrift für Darlehenszinsen		1.000,00
7.	Barzahlung für Dachreparatur des Geschäftsgebäudes, netto	1.500,00	
	+ USt	285,00	1.785,00
8.	Banküberweisung für Grundsteuer		120,00
9.	Zinsgutschrift der Bank für laufendes Konto		20,00
10.	Banküberweisung von Löhnen		2.736,00
	Abschlussangaben		**€**
11.	Warenendbestand lt. Inventur		128.000,00
12.	Abschreibung auf Geschäftsbauten		2.000,00
13.	Abschreibung auf Pkw		5.000,00
14.	Abschreibung auf Ladeneinrichtung		5.000,00

Aufgaben

1. Bilden Sie die Buchungssätze und buchen Sie die Geschäftsvorfälle des Jahres 2026
2. Schließen Sie die Konten ab.
3. Erstellen Sie die Gewinn- und Verlustrechnung nach § 275 Abs. 2 HGB.
4. Erstellen Sie die Bilanz zum 31.12.2026 nach dem handelsrechtlichen Gliederungsschema.

Lösung:

Tz.	Sollkonto	Betrag (€)	Habenkonto
1.	**5200** (3200) Wareneingang	8.000,00	
	1406 (1576) Vorsteuer	1.520,00	
		9.520,00	**3300** (1600) Verbindl. aLuL
2.	**1800** (1200) Bank	1.749,30	
	4736 (8736) Gewährte Skonti	30,00	
	3806 (1776) USt	5,70	
		1.785,00	**1200** (1400) Forderungen aLuL
3.	**3300** (1600) Verbindl. aLuL	2.975,00	
		2.915,50	**1800** (1200) Bank
		50,00	**5736** (3736) Erhaltene Skonti
		9,50	**1406** (1576) Vorsteuer
4.	**1200** (1400) Forderungen aLuL	59.500,00	
		50.000,00	**4200** (8200) Erlöse
		9.500,00	**3806** (1776) USt
5.	**1800** (1200) Bank	500,00	**4960** (2520) Periodenfr. Erträge
6.	**7320** (2120) Zinsaufwendungen	1.000,00	**1800** (1200) Bank
7.	**6350** (2350) Grundstücksaufw.	1.500,00	
	1406 (1576) Vorsteuer	285,00	
		1.785,00	**1600** (1000) Kasse
8.	**7680** (2375) Grundsteuer	120,00	**1800** (1200) Bank
9.	**1800** (1200) Bank	20,00	**7100** (2650) Zinserträge
10.	**6010** (4110) Löhne	2.736,00	**1800** (1200) Bank

S	GuVK		H
Wareneingang	29.950,00	Erlöse	49.970,00
Zinsaufwendungen	1.000,00	Periodenfremde Erträge	500,00
Grundstücksaufw.	1.500,00	Zinserträge	20,00
Grundsteuer	120,00		
Abschreibungen	12.000,00		
Löhne	2.736,00		
EK (**Gewinn**)	**3.184,00**		
	50.490,00		50.490,00

Gewinn- und Verlustrechnung

Nr.	Posten	€	€
1.	Umsatzerlöse		49.970,00
2.	sonstige betriebliche Erträge		500,00
3.	Aufwendungen für Waren		29.950,00
4.	Personalaufwand: a) Löhne	2.736,00	2.736,00
5.	Abschreibungen auf Sachanlagen		12.000,00
6.	sonstige betriebliche Aufwendungen		1.500,00
7.	sonstige Zinsen und ähnliche Erträge		20,00
8.	Zinsen und ähnliche Aufwendungen		1.000,00
9.	**Ergebnis nach Steuern**		**3.304,00**
10.	sonstige Steuern		120,00
11.	**Jahresüberschuss**		**3.184,00**

S	Schlussbilanzkonto (SBK)		H
Bebaute Grundstücke	20.000,00	Eigenkapital	328.184,00
Geschäftsbauten	78.000,00	Verbindl. geg. Kredit.	10.000,00
Pkw	15.000,00	Verbindlichkeiten aLuL	11.545,00
Ladeneinrichtung	20.000,00	Umsatzsteuer	7.698,80
Waren	128.000,00		
Forderungen aLuL	77.715,00		
Kasse	3.215,00		
Bank	15.497,80		
	357.427,80		357.427,80

Aktiva		**Bilanz zum 31.12.2026**	Passiva
A. Anlagevermögen		**A. Eigenkapital**	328.184,00
I. Sachanlagen			
1. Grundstücke und Bauten	98.000,00	**B. Verbindlichkeiten**	
2. Betriebs- und Geschäftsausstattung	35.000,00	1. Verbindlichkeiten gegenüber Kreditinstituten	10.000,00
		2. Verbindlichkeiten aus Lieferungen und Leistungen	11.545,00
B. Umlaufvermögen			
I. Vorräte			
1. Waren	128.000,00	3. sonstige Verbindlichkeiten	7.698,80
II. Forderungen			
1. Forderungen aLuL	77.715,00		
III. Kassenbestand und Guthaben bei Kreditinstituten	18.712,80		
	357.427,80		357.427,80

05.03.2027 *Dieter Höhn*

AUFGABE

Der vorsteuerabzugsberechtigte Unternehmer Fritz Fleißig, Stuttgart, hat sich am 01.12.2025 einen Pkw Mercedes E 220 CDi, den er zu 60 % betrieblich nutzt, gekauft. Der Kaufpreis betrug 40.000 € zzgl. 19 % USt, der Bruttolistenpreis 50.089 €. Fleißig führt kein Fahrtenbuch. Der Pkw gehört zum Unternehmensvermögen.

1. Bilden Sie den Buchungssatz für die Privatentnahme im Januar 2026

Tz.	Sollkonto	Betrag (€)	Habenkonto
1.			

Seit 01.06.2026 nutzt nur noch der Außendienstangestellte Simon Reiher den Pkw des Unternehmers Fritz Fleißig. Reiher darf zulässigerweise den Pkw auch privat nutzen. Da Reiher in direkter Nachbarschaft zu seiner ersten Arbeitsstätte wohnt, fallen keine Fahrten zwischen Wohnung und erster Arbeitsstätte an.

2. Vervollständigen Sie die nachstehende Gehaltsabrechnung:

	Bruttogehalt Juni 2026	3.000,00 €
+	Sachbezüge (Gestellung des Kfz)	€
=	steuer- und sozialversicherungspflichtiges Gehalt	€
-	Lohnsteuer/Kirchensteuer/Solidaritätszuschlag	400,00 €
-	Sozialversicherungsbeiträge (Arbeitnehmer)	600,00 €
=	Nettogehalt	€
-		€
=	Banküberweisung	€

3. Bilden Sie den Buchungssatz für die Überweisung des Junigehalts.

Tz.	Sollkonto	Betrag (€)	Habenkonto
3.			

Lösung:

zu 1.

Tz.	Sollkonto	Betrag (€)	Habenkonto
1.	**2100** (1800) Privatentnahmen	576,00*	
		100,00*	**4639** (8924) Kfz-Nutzung o. USt
		400,00*	**4645** (2921) Kfz-Nutzung m. USt
		76,00*	**3806** (1776) Umsatzsteuer

*	1 % von 50.000 € =	**500 €**
-	20 % Abschlag (20 % von 500 €)	**100 €**
		400 €
	19 % von 400 € =	**76 €**

zu 2.

	Bruttogehalt Juni 2026	3.000,00 €
+	Sachbezüge (Gestellung des Kfz)	**500,00 €***
=	steuer- und sozialversicherungspflichtiges Gehalt	**3.500,00 €**
-	Lohnsteuer/Kirchensteuer/Solidaritätszuschlag	400,00 €
-	Sozialversicherungsbeiträge (Arbeitnehmer)	600,00 €
=	Nettogehalt	**2.500,00 €**
-	verrechnete Sachbezüge	**- 500,00 €**
=	Banküberweisung	**2.000,00 €**

* 1 % von 50.000 € = **500 €** (ein pauschaler Abschlag von 20 % ist unzulässig)

zu 3.

Tz.	Sollkonto	Betrag (€)	Habenkonto
3.	**6020** (4120) Gehälter	3.500,00	
		2.000,00	**1800** (1200) Bank
		400,00	**3730** (1741) Verb. aus LSt/KiSt
		600,00	**3731** (1742) Verbindl. i.R.d.s.S.
		420,17*	**4947** (8611) Verr. Sachbezüge
		79,83*	**3806** (1776) Umsatzsteuer

* 500 € : 1,19 = **420,17 €** x 19 % USt = **79,83 €**

AUFGABE

Bilden Sie die Buchungssätze für folgende Geschäftsvorfälle des Geschäftsjahres 2026 für einen Einzelunternehmer. Kontieren Sie so speziell wie möglich. Bilden Sie keine zusammengesetzten, sondern direkte Buchungssätze.

Nr.	Geschäftsvorfall		€
1.	Abschreibung auf Pkw		6.000,00
2.	Verrechnung einer Verbindlichkeit aLuL mit einer Forderung aLuL		2.450,00
3.	Banküberweisung einer Gewerbesteuervorauszahlung		1.800,00
4.	Kunde erhält Gutschrift für Umsatzbonus, netto	630,00	
	+ USt	119,70	749,70
5.	Postbanküberweisung für von uns gemietete Geschäftsräume		750,00
6.	Nach Abzug der KapESt und des SolZ erhalten wir von unserer Bank eine Zinsgutschrift über		3.975,75
7.	Lieferer stellt uns Verzugszinsen in Rechnung		80,00
8.	Banküberweisung der Gebäudeversicherungsprämie (Betriebsgebäude)		730,00
9.	Kunde sendet zum Ausgleich unserer Forderung aLuL einen Wechsel über		2.810,00
10.	Wir senden einem Lieferer zum Ausgleich seiner Forderung aLuL einen Besitzwechsel		1.320,00
11.	Wir geben unserer Bank einen Besitzwechsel zum Einzug, Wechselbetrag		4.310,00
	Die Bank belastet uns hierfür Inkassoprovision		12,00
12.	Wir geben unserer Bank einen Besitzwechsel zum Diskont, Wechselbetrag		2.400,00
	Die Bank belastet uns hierfür Diskont		320,00
13.	Unsere Bank belastet uns für die Einlösung unseres Schuldwechsels mit		4.500,00
	Sie belastet uns außerdem Domizilprovision		15,00
14.	Wir kaufen über unsere Bank Obligationen,		
	Kurswert		3.812,00
	+ Stückzinsen		38,50
	Nebenkosten		35,65
	Die Wertpapiere gehören zum Umlaufvermögen.		
15.	Die Bank schreibt uns Aktiendividenden gut, netto		736,25
	Kapitalertragsteuer: 25 %		
	Solidaritätszuschlag: 5,5 %		
16.	Die Bank schreibt uns Zinsen für festverzinsliche Wertpapiere gut, netto		463,84
	Kapitalertragsteuer: 25 %		
	Solidaritätszuschlag: 5,5 %		

Tz.	Sollkonto	Betrag (€)	Habenkonto
1.	**6222** (4832) Abschr. auf Kfz	6.000,00	**0520** (0320) Pkw
2.	**3300** (1600) Verbindl. aLuL	2.450,00	**1200** (1400) Forderungen aLuL
3.	**7610** (4320) GewSt-Vorauszahlung	1.800,00	**1800** (1200) Bank
4.	**4760** (8760) Gewährte Boni **3806** (1776) USt	630,00 119,70	**1200** (1400) Forderungen aLuL **1200** (1400) Forderungen aLuL
5.	**6310** (4210) Miete	750,00	**1700** (1100) Postbank
6.	**1800** (1200) Bank **2150** (1810) Privatsteuern	3.975,75 1.424,25	**7100** (2650) Zinserträge **7100** (2650) Zinserträge
7.	**7310** (2110) Zinsaufw.	80,00	**3300** (1600) Verbindl. aLuL
8.	**6350** (2350) Grundstücksaufw.	730,00	**1800** (1200) Bank
9.	**1230** (1300) Wechsel aLuL	2.810,00	**1200** (1400) Forderungen aLuL
10.	**3300** (1600) Verbindl. aLuL	1.320,00	**1230** (1300) Wechsel aLuL
11.	**1800** (1200) Bank **6855** (4970) Nebenkosten des GV	4.310,00 12,00	**1230** (1300) Wechsel aLuL **1800** (1200) Bank
12.	**1800** (1200) Bank **7340** (2130) Diskontaufwendungen	2.400,00 320,00	**1230** (1300) Wechsel aLuL **1800** (1200) Bank
13.	**3350** (1660) Schuldwechsel **6855** (4970) Nebenkosten des GV	4.500,00 15,00	**1800** (1200) Bank **1800** (1200) Bank
14.	**1510** (1348) Sonst. Wertpapiere **1500** (1300) Sonst. Vermögensgeg.	3.847,65 38,50	**1800** (1200) Bank **1800** (1200) Bank
15.	**1800** (1200) Bank **2150** (1810) Privatsteuern	736,25 263,75	**7103** (2655) Laufende Erträge aus Anteilen **7103** (2655) Laufende Erträge aus Anteilen
16.	**1800** (1200) Bank **2150** (1810) Privatsteuern	463,84 166,16	**7100** (2650) Zinserträge **7100** (2650) Zinserträge

AUFGABE

Der bilanzierende Gewerbetreibende Karl Flach, Stuttgart, erhält Anfang Mai 2026 von der Leasing-Light AG, Böblingen, einen Fotokopierer geliefert. Flach hatte im März mit der AG einen Mietvetrag über 2 Jahre abgeschlossen; eine Kauf- oder einen Mietverlängerungsoption wurde nicht vereinbart. Die monatliche Mietrate wurde auf 200 € zzgl. 19 % USt festgelegt. Die AG hat den Fotokopierer vom Hersteller Blitz, München, für 5.000 € zzgl. USt gekauft. Das Gerät hat eine betriebsgewöhnliche Nutzungsdauer von 5 Jahren.

1. Bilden Sie den Buchungssatz für den Kauf des Gerätes durch die Leasing-Light AG.
2. Bilden Sie den Buchungssatz für den Zahlungseingang der ersten Mietrate bei der AG.
3. Bilden Sie den Buchungssatz für die erste Zahlung des Karl Flach.

Lösung:

zu 1.

Die Grundmietzeit entspricht 40 % der betriebsgewöhnlichen Nutzungsdauer (2 Jahre/5 Jahre). Daher wird der Fotokopierer beim Leasinggeber bilanziert (sog. Mietleasing).

Sollkonto	Betrag (€)	Habenkonto
0620 (0420) Geschäftsausstattung	5.000,00	
1406 (1576) Vorsteuer	950,00	
	5.950,00	**3300** (1600) Verbindl. aLuL

zu 2.

Sollkonto	Betrag (€)	Habenkonto
1800 (1200) Bank	238,00	
	200,00	**4000** (8000) Erlöse
	38,00	**3806** (1776) Umsatzsteuer

zu 3.

Sollkonto	Betrag (€)	Habenkonto
6840 (4810) Mietleasing	200,00	
1406 (1576) Vorsteuer	38,00	
	238,00	**1800** (1200) Bank

AUFGABE

Der bilanzierende Gewerbetreibende Ludwig Lutz, Bremen, least von der Blitz GmbH, Hamburg, eine Computeranlage. Die Computeranlage ist dem Leasinggeber zuzurechnen (Mietleasing). Die Anlage wird am 03.07.2026 geliefert. Der Vertrag hat eine Laufzeit von drei Jahren und die monatliche Leasingrate beträgt 200 € zzgl. USt. Es wird jedoch vereinbart, dass bei der Übergabe vom Mieter eine Sonderzahlung in Höhe von 1.800 € zzgl. USt zu leisten ist.

Wie haben der Vermieter und Mieter die Sonderzahlung im Jahre 2026 buchhalterisch zu erfassen?

Lösung:

Buchung beim Leasinggeber:

Die Sonderzahlung ist bei wirtschaftlicher Betrachtungsweise eine Mietvorauszahlung; die laufenden Raten sind deswegen niedriger. Die Sonderzahlung muss als Aufwendung bzw. Ertrag auf die Laufzeit des Mietvertrags verteilt werden.
Leasinggeber: Passive Rechnungsabgrenzung
Leasingnehmer: Aktive Rechnungsabgrenzung

Eingang der Sonderzahlung:

Sollkonto	Betrag (€)	Habenkonto
1800 (1200) Bank	2.142,00	
	1.800,00	**3900** (0990) Passive RAP
	342,00	**3806** (1776) Umsatzsteuer

Im Jahresabschluss:

Sollkonto	Betrag (€)	Habenkonto
3900 (0990) Passive RAP	300,00*	**4000** (8000) Erlöse

* = 6 Monate / 36 Monate x 1.800 €

Buchung beim Leasingnehmer:

Abfluss der Sonderzahlung:

Sollkonto	Betrag (€)	Habenkonto
1900 (0980) Aktive RAP	1.800,00	
1406 (1570) Vorsteuer	342,00	
	2.142,00	**1800** (1200) Bank

Im Jahresabschluss:

Sollkonto	Betrag (€)	Habenkonto
6840 (4810) Mietleasing	300,00*	**1900** (0980) Aktive RAP

* = 6 Monate / 36 Monate x 1.800,00 €

AUFGABE

Der bilanzierende Gewerbetreibende Timo Hildebrandt, Stuttgart, erhält im Juni 2026 eine Lieferung, die er wie folgt bucht:

Sollkonto	Betrag (€)	Habenkonto
5100 (3000) Roh-, Hilfs- und Betriebsstoffe	2.360,00	
1406 (1576) Vorsteuer	448,40	
	2.808,40	**3300** (1600) Verbindl. aLuL

Die Rechnung hat folgenden Inhalt (Auszug):

	Rohmaterial Kunststoff	1.540,00 €
	Spezialwaage für Lagerarbeiten	820,00 €
		2.360,00 €
+	19 % Umsatzsteuer	448,40 €
	Gesamtbetrag	2.808,40 €

Bei der Bezahlung der Rechnung wird wie folgt gebucht:

Sollkonto	Betrag (€)	Habenkonto
3300 (1600) Verbindl. aLuL	2.808,40	
	70,80	**5736** (3736) Erhaltene Skonti
	13,45	**1406** (1576) Vorsteuer
	2.724,15	**1800** (1200) Bank

Bilden Sie den notwendigen Korrekturbuchungssatz. Hildebrandt strebt einen möglichst geringen steuerlichen Gewinn an.

Lösung:

Die Spezialwaage gehört zum Anlagevermögen (§ 247 Abs. 2 HGB). Die AK werden wie folgt ermittelt:

	Kaufpreis	820,00 €
-	3 % Skonto	24,60 €
=	AK (= GWG)	795,40 €

Das Rohmaterial gehört zum Umlaufvermögen und ist richtig gebucht.

Korrekturbuchungssatz:

Sollkonto	Betrag (€)	Habenkonto
0670 (0480) GWG	795,40	
5736 (1576) Erhaltene Skonti	24,60	
	820,00	**5100** (3000) Roh-, Hilfs- und Betriebsstoffe

AUFGABE

Der bilanzierende Gewerbetreibende Egon Fuchs, Dresden, fährt mit seinem betrieblichen Pkw am Donnerstag, 02.06.2026 nach Berlin (Abfahrt 06.00 Uhr); er besucht dort einen Kunden wegen anstehender Vertragsverhandlungen. Da Fuchs bis 23.00 Uhr verhandelt, beschließt er, in Berlin zu übernachten.

Am Morgen des 03.06.2026 fährt er nach Hause und kommt dort um 14.00 Uhr im Betrieb an. Anlässlich dieser Geschäftsreise entstehen folgende Kosten (ordnungsgemäße Belege liegen vor):

Mittagessen in Berlin (02.06.2026)	53,50 € (inkl. 7 % USt)
Abendessen in Berlin (02.06.2026)	30,00 € + 7 % USt
Übernachtung im Iltis-Hotel	100,00 € + 7 % USt
Frühstück und Mittagessen (03.06.2026)	21,40 € (brutto)

Die Rechnungen werden mit der privaten Kreditkarte des Herrn Fuchs bezahlt.

Bilden Sie den Buchungssatz für die Reisekostenabrechnung des Unternehmers Fuchs.

Lösung:

	abziehbare BA	nicht abziehbare BA	Vorsteuer
Mittagessen in Berlin (02.06.2026)	14,00 €	36,00 €	3,50 €
Abendessen in Berlin (02.06.2026)		30,00 €	2,10 €
Übernachtung im Iltis-Hotel	100,00 €		7,00 €
Frühstück, Mittagessen (03.06.2026)	14,00 €	6,00 €	1,40 €
	128,00 €	72,00 €	14,00 €

Buchungssatz:

Sollkonto	Betrag (€)	Habenkonto
6670 (4670) Reisekosten Unternehmer	128,00	
6672 (4672) Reisekosten Unternehmer (nicht abziehbarer Anteil)	72,00	
1401 (1571) Vorsteuer 7 %	14,00	
	214,00	**2180** (1890) Privateinlagen

AUFGABE

Der bilanzierende Gewerbetreibende Paul Veh, Bauunternehmer in Kornwestheim, lässt im Dezember 2026 von dem Dachdeckermeister Ziegel, Ludwigsburg, eine Lagerhalle seines Betriebs und sein zu eigenen Wohnzwecken genutztes Einfamilienhaus eindecken.

Die Eingangsrechnung lautet über:

Dacheindeckung Lagerhalle	120.000 €
Dacheindeckung Einfamilienhaus	40.000 €
Summe	160.000 €

Bilden Sie den Buchungssatz für die Eingangsrechnung (Hinweis: §§ 13b, 15 UStG).

Lösung:

Sollkonto	Betrag (€)	Habenkonto
6450 (4260) Instandhaltungen	120.000,00	
2100 (1800) Privatentnahmen	47.600,00	
1406 (1576) Vorsteuer	22.800,00	
	160.000,00	**3300** (1600) Verbindlichkeiten aLuL
	30.400,00	**3837** (1787) USt § 13b

AUFGABE

Der Bauunternehmer Fleißig, Stuttgart, liefert mit eigenem Lkw eine Maschine an den Unternehmer Elche, Oslo (Norwegen). Der vereinbarte Kaufpreis beträgt 240.000 €.

Bilden Sie den Buchungssatz für die Lieferung des Unternehmers Fleißig.

Lösung:

Sollkonto	Betrag (€)	Habenkonto
1200 (1400) Forderungen aLuL	240.000,00	**4120** (8120) Steuerfreie Umsätze § 4 Nr. 1a UStG

AUFGABE

Der Autohändler Hempel, München, verkauft im Juli 2026 seinem Kunden, dem Rentner Karl Schmidt, wohnhaft in Salzburg (Österreich), einen fabrikneuen Pkw Opel für 17.850 € bar.

Bilden Sie den Buchungssatz für die Lieferung des Autohändlers Hempel.

Lösung:

Sollkonto	Betrag (€)	Habenkonto
1600 (1000) Kasse	17.850,00	**4125** (8125) Steuerfreie innergemeinschaftliche Lieferungen § 4 Nr. 1b UStG

AUFGABE

Sie sind Angestellte(r) der Steuerkanzlei Born und Schupp Partnergesellschaft. Ihre Aufgabe ist es, für den Mandanten Karl Kuhn, Elektroeinzelhandel in Stuttgart die Dezemberbuchhaltung 2026 zu führen und im Anschluss daran den Jahresabschluss 2026 vorzubereiten. Der Gewinn wird nach den §§4 Abs. 1, 5 EStG ermittelt. Dabei soll dieser so gering wie möglich gehalten werden. Kuhn unterliegt der umsatzsteuerlichen Regelbesteuerung (19%).

Folgende Geschäftsvorfälle (1 bis 5) sind noch zu bearbeiten und unter Angabe von Kontennummern, Kontenbezeichnung und Beträgen zu kontieren.

Geschäftsvorfall 1:

Kuhn erwirbt am 01.12.2026 (Übergang von Nutzen und Lasten) ein bebautes Grundstück. Das Grundstück (Baujahr des Gebäudes 1980) ist in vollem Umfang Betriebs- und Unternehmensvermögen. Die Restnutzungsdauer des Gebäudes beträgt 50 Jahre.

Folgende Aufwendungen sind getätigt worden:

Kaufpreis	400.000 €
davon entfallen auf den Grund und Boden	100.000 €
5% Grunderwerbsteuer	?
Notargebühren inkl. 19% USt	4.760 €
Grundbucheintragung	2.000 €
Finanzierung:	
Bankguthaben	198.760 €
Rest über Bankdarlehen:	
Auszahlung am 01.12.2026	zu 95%
Zins	5% p.a.
Tilgung	10% p.a.

(Zins und Tilgung werden jeweils zum Monatsende durch Banküberweisung bezahlt; das Damnum ist linear abzuschreiben.)

Im Dezember 2026 werden noch Renovierungsarbeiten am gekauften Betriebsgebäude im Wert von 70.000 € + 13.300 € USt durchgeführt. Die Rechnung geht am 22.12.2026 ein und wird erst im Folgejahr bezahlt.

1. Berechnen Sie die anfallende Grunderwerbsteuer und die Anschaffungskosten des Gebäudes und des Grund und Bodens.
2. Bilden Sie die Buchungssätze für die Anschaffung und Zahlung zum 01.12.2026.
3. Bilden Sie die Buchungssätze für die Tilgung und Finanzierungskosten zum 31.12.2026.
4. Bilden Sie die Buchungssätze für die Renovierungskosten (= anschaffungsnaher Aufwand).
5. Berechnen und kontieren Sie die Abschreibung für das Gebäude zum 31.12.2026.

Geschäftsvorfall 2:

Der Angestellte Josef Müller verdient monatlich brutto 2.000 €. Er ist alleinstehend und hat keine Kinder. Herr Müller ist aus der Kirche ausgetreten. Im Juni 2026 kauft er aus dem Sortiment seines Arbeitgebers Waren für 2.000 € in bar. Der freie Verkaufswert dieser Waren beträgt 4.000 €.
Der Nettolohn wird ihm erst am 01.07.2026 per Banküberweisung ausbezahlt. Wenden Sie bei der Berechnung der Lohnsteuer einen Durchschnittsteuersatz von 9,036594 % an. Der Solidaritätszuschlag fällt nicht an. Die Beitragssätze zur Sozialversicherung betragen: RV 18,6 %; KV 14,6 % + 2,9 %; AV 2,6 %; PV 3,60 % + 0,60 %.

1. Erstellen Sie die Juni-Lohnabrechnung des Josef Müller.
2. Bilden Sie die Buchungssätze für die Lohnabrechnung zum 30.06.2026. Der Verkauf der Waren wurde ordnungsgemäß gebucht.

Geschäftsvorfall 3:

Im Dezember 2026 werden außerdem zwei Hausfrauen ohne ELStAM geringfügig beschäftigt. Die Auszahlung in Höhe von jeweils 400 € erfolgt am 13.01.2027 per Banküberweisung. Die pauschalen Sozialversicherungsbeiträge (31,17 %) werden im Januar 2027 abgeführt. Die Arbeitnehmerinnen sind von der Rentenversicherungspflicht befreit.

Bilden Sie den Buchungssatz für die Lohnabrechnung der Aushilfen zum 31.12.2026.

Geschäftsvorfall 4:

Am 15.12.2026 bezieht Kuhn Waren von einem Unternehmer aus Brüssel (Belgien) mit USt-IdNr. Die Eingangsrechnung wird wie folgt gebucht:

Sollkonto	Betrag (€)	Habenkonto
5200 (3200) Wareneingang	25.000,00	**3300** (1600) Verbindlichkeiten aLuL

Überprüfen und berichtigen Sie gegebenenfalls die Buchung.

Geschäftsvorfall 5:

Am 02.12.2026 unternimmt Kuhn ab 13:00 Uhr eine Geschäftsreise mit seinem privaten Pkw nach Hannover (insgesamt 400 km). Die Rückkehr erfolgt am 04.12.2026 gegen 18:00 Uhr. Folgende Belege (jeweils inkl. USt) liegen vor:

Tankquittung	80 €,
Verpflegung (Speisen) insgesamt	120 €,
2 Übernachtungen mit Frühstück	160 €.

Alle Rechnungen entsprechen den Vorschriften des UStG. Die Beträge werden privat verauslagt.

1. Berechnen Sie die abzugsfähigen Betriebsausgaben.
2. Bilden Sie die Buchungssätze für diesen Vorgang.

Lösung Geschäftsvorfall 1:

zu 1.

	Wert	Vorsteuer	Grund und Boden	Gebäude
Anteile			1	3
Kaufpreis	400.000 €		100.000 €	300.000 €
GrESt	20.000 €		5.000 €	15.000 €
Notargebühren	4.760 €	760 €	1.000 €	3.000 €
Grundbucheintragung	2.000 €		500 €	1.500 €
Summe	426.760 €	760 €	106.500 €	319.500 €

zu 2.

Finanzierung:

Gesamtbetrag	426.760 €	
- Bankguthaben	- 198.760 €	
= noch zu finanzieren	228.000 €	(= 95 %)
Darlehen = 100 %	240.000 €	

Sollkonto	Betrag (€)	Habenkonto
0235 (0085) Bebaute Grundstücke	106.500,00	
0240 (0090) Geschäftsbauten	319.500,00	
1940 (0986) Damnum	12.000,00	
1406 (1576) Vorsteuer	760,00	
	198.760,00	**1800** (1200) Bank
	240.000,00	**3150** (0650) Verb. gegenüber Kr.

zu 3.

Sollkonto	Betrag (€)	Habenkonto
3150 (0650) Verb. gegenüber Kr.	2.000,00	
7320 (2120) Zinsaufwendungen	1.100,00	
	3.000,00	**1800** (1200) Bank
	100,00	**1940** (0986) Damnum

zu 4.

Sollkonto	Betrag (€)	Habenkonto
0240 (0090) Geschäftsbauten	70.000,00	**3300** (1600) Verbindlichkeiten aLuL
1406 (1576) Vorsteuer	13.300,00	**3300** (1600) Verbindlichkeiten aLuL

zu 5.

Sollkonto	Betrag (€)	Habenkonto
6221 (4831) Abschr. auf Gebäude	649,00*	**0240** (0090) Geschäftsbauten

* 2 % von 389.500 € x 1/12 = 649 € (§ 7 Abs. 4 Nr. 2 EStG)

Lösung Geschäftsvorfall 2:

zu 1.

	geldwerter Vorteil (§ 8 Abs. 3 EStG):	
	Endpreis	4.000,00 €
-	4 %	- 160,00 €
		3.840,00 €
-	Zahlung	- 2.000,00 €
-	Freibetrag	- 1.080,00 €
=	geldwerter Vorteil	760,00 €
	Lohnabrechnung:	
	Gehalt	2.000,00 €
+	geldwerter Vorteil	760,00 €
	Bruttoarbeitslohn	2.760,00 €
-	LSt (9,036594 % von 2.760 €)	- 249,41 €
-	SolZ	- 0,00 €
-	KV (7,3 % von 2.760 €)	- 201,48 €
-	KV Zuschlag (1,45 % von 2.760 €)	- 40,02 €
-	PV (1,80 % von 2.760 €)	- 49,68 €
-	PV Zuschlag (0,60 % von 2.760 €)	- 16,56 €
-	RV (9,30 € von 2.760 €)	- 256,68 €
-	AV (1,30 % von 2.760 €)	- 35,88 €
=	Nettoarbeitslohn	1.910,29 €
-	Sachbezug	- 760,00 €
=	Auszahlungsbetrag	1.150,29 €
	AG-Anteil (21,15 % von 2.760 €)	583,74 €

zu 2.

Sollkonto	Betrag (€)	Habenkonto
6020 (4120) Gehälter	2.760,00	
6110 (4130) Ges. soz. Aufw.	583,74	
	1.150,29	**3720** (1740) Verbindlichk. Lohn/Gehalt
	249,41	**3730** (1741) Verbindlichk. LSt/KiSt
	1.184,04	**3740** (1742) Verbindlichk. i.R.d.s.S.
	760,00	**4945** (8595) Sachbezüge 19 % USt

Lösung Geschäftsvorfall 3:

Sollkonto	Betrag (€)	Habenkonto
6035 (4195) Löhne für Minijobs	800,00	
6036 (4194) Pauschale Steuern u. Abg.	249,36	
	800,00	**3720** (1740) Verb. Lohn/Gehalt
	249,36	**3740** (1742) Verb. i.R.d.s.S.

Lösung Geschäftsvorfall 4:

Korrekturbuchungssatz:

Sollkonto	Betrag (€)	Habenkonto
5425 (3425) WE i.g. Erwerb **1404** (1574) VoSt. i.g. Erwerb	25.000,00 4.750,00	**5200** (3200) Wareneingang **3804** (1774) USt i.g. Erwerb

Lösung Geschäftsvorfall 5:

zu 1.

		abz. BA	nabz. BA	Vorsteuer
Fahrtkosten (400 km x 0,30 €)		120,00 €		
Verpflegungsaufwendungen:				
Vorsteuer aus 120 € (7 %)				
netto (120 € - 7,85 €)	112,15 €			7,85 €
- Pauschalen 04.12.	- 14,00 €			
05.12.	- 28,00 €			
06.12.	- 14,00 €	56,00 €		
Rest	56,15 €		56,15 €	
Übernachtungskosten mit Frühstück: 160 €*				
Frühstück (19 %):				
brutto (15 % von 160 €)	24,00 €			
netto (24 € : 1,19)	20,17 €			
19 % von 20,17 €				3,83 €
- Frühstück (5,60 € x 2)	- 11,20 €		11,20 €	
= abziehbare BA	8,97 €	8,97 €		
Übernachtung (7 %):				
brutto (85 % von 160 €)	136,00 €			
netto (136 € : 1,07)	127,10 €	127,10 €		
7 % von 127,10 €				8,90 €
Summen		312,07 €	67,35 €	20,58 €

* Siehe BMF-Schreiben vom 22.12.2025

zu 2.

Buchungssatz:

Sollkonto	Betrag (€)	Habenkonto
6672 (4672) Reisekosten Unternehmer (nicht abziehbarer Anteil)	67,35	
6670 (4670) Reisekosten Unternehmer	312,07	
1401 (1571) Vorsteuer 7 %	16,75	
1406 (1576) Vorsteuer 19 %	3,83	
	400,00	**2180** (1890) Privateinlagen

AUFGABE

Peter Preuser betreibt als Einzelunternehmer in Heilbronn einen Großhandel mit Bürogeräten. Er ermittelt seinen Gewinn nach den §§ 4 Abs. 1, 5 EStG und ist regelbesteuerter Unternehmer. Das Wirtschaftsjahr entspricht dem Kalenderjahr. Im Januar 2026 hat Preuser den neuen Buchhalter Felix Haas eingestellt. Im April 2026 überprüft er die vom neuen Buchhalter erstellte Buchhaltung für das erste Quartal 2026 und ist sich nicht sicher, ob die nachstehend durchgeführten Buchungen (Geschäftsvorfälle 1 bis 7) richtig sind.

Überprüfen Sie die Buchungssätze und führen Sie die notwendigen Korrekturbuchungssätze durch.

Geschäftsvorfall 1:

Im Januar 2026 erhält Preuser eine Lieferung Bürogeräte von der Firma Heddersdorf AG, Wolfsburg: 10 Geräte zu je 1.200 € + 19 % USt. Der Buchhalter bucht wie folgt:

Sollkonto	Betrag (€)	Habenkonto
5200 (3200) Wareneingang	12.000,00	
1406 (1576) Vorsteuer	2.280,00	
	14.280,00	**3300** (1600) Verbindlichkeiten aLuL

Da die Geräte nicht die bestellte Farbe hatten, macht Preuser telefonisch den Mangel geltend und erhält von der Heddersdorf AG je Gerät einen Nachlass von 100 € (netto). Der Buchhalter erfasst den Vorgang wie folgt:

Sollkonto	Betrag (€)	Habenkonto
3300 (1600) Verbindlichkeiten aLuL	1.190,00	**4982** (2747) Sonstige steuerfreie Betriebseinnahmen

Geschäftsvorfall 2:

Im Februar 2026 erhält Preuser eine weitere Lieferung der Heddersdorf AG. Die Lieferung umfasst jedoch 11 Geräte, weil die Heddersdorf AG beim Vertragsabschluss bestätigt, dass bei einer Abnahme von 10 Geräten zusätzlich ein Gerät geliefert wird.

Der Buchhalter bucht die Eingangsrechnung wie folgt:

Sollkonto	Betrag (€)	Habenkonto
5200 (3200) Wareneingang	12.000,00	
1406 (1576) Vorsteuer	2.280,00	
	14.280,00	**3300** (1600) Verbindlichkeiten aLuL

Geschäftsvorfall 3:

Das zusätzlich gelieferte Gerät (Geschäftsvorfall 2) schenkt Preuser seiner Nichte im Februar 2026 zum Geburtstag. Der Buchhalter erfasst diese Schenkung nicht.

Geschäftsvorfall 4:

Im März 2026 erwirbt Preuser 1.000 Aktien der Heddersdorf AG zur kurzfristigen Geldanlage. Die Bank erteilt folgende Kaufabrechnung:

1.000 Aktien zu je 50 €	50.000 €
+ Spesen (1,5 % von 50.000 €)	750 €
= Bankbelastung	50.750 €

Der Buchhalter bucht wie folgt:

Sollkonto	Betrag (€)	Habenkonto
1510 (1348) Sonstige Wertpapiere	50.000,00	
6855 (4970) Nebenkosten des Geldv.	750,00	
	50.750,00	**1800** (1200) Bank

Geschäftsvorfall 5:

Im Januar erwirbt Preuser nach Abzug eines Rabattes von 15 % einen Pkw für 42.500 € + 19 % USt. Der Pkw wird zu 70 % betrieblich und zu 30 % privat genutzt. Der Kauf des Pkws wurde ordnungsgemäß gebucht. Die private Nutzung für die Monate Januar bis März 2026 erfasst der Buchhalter wie folgt:

Sollkonto	Betrag (€)	Habenkonto
2100 (1800) Privatentnahmen	1.517,25	
	1.275,00	**4645** (8921) Verwendung von. Geg.
	242,25	**3806** (1776) USt

Geschäftsvorfall 6:

Im Februar 2026 fährt Preuser mit dem Pkw (Geschäftsvorfall 5) geschäftlich von Heilbronn (Abfahrt 07.30 Uhr und Rückkehr 18.00 Uhr) nach Wiesbaden und zurück (insgesamt 360 km). Die Kosten ermittelt der Buchhalter wie folgt:

Fahrtkosten (360 km x 0,30 €/km)	108 €,
Verpflegungsmehraufwendungen	14 €.

Er bucht:

Sollkonto	Betrag (€)	Habenkonto
6670 (4670) Reisekosten Unternehmer	122,00	**2180** (1890) Privateinlagen

Geschäftsvorfall 7:

Im März 2026 erwirbt Preuser ein bebautes Grundstück, das sowohl eigenbetrieblich (80 %) als auch zu privaten Wohnzwecken (20 %) genutzt wird. Die Wohnung gehört nicht zum Unternehmensvermögen. Alle Zahlungen erfolgen vom betrieblichen Bankkonto. Folgende Aufwendungen sind im Zusammenhang mit dem Grundstück getätigt worden:

Grund und Boden	200.000,00 €,
Gebäude	800.000,00 €,
Notar (Kaufvertrag und Grundbuch) + 19 % USt	2.380,00 €,
Grundbuchamt	1.000,00 €,
Grunderwerbsteuer	50.000,00 €.

Der Buchhalter bucht:

Sollkonto	Betrag (€)	Habenkonto
0235 (0085) Bebaute Grundstücke	200.000,00	
0240 (0090) Geschäftsbauten	800.000,00	
6825 (4950) Rechts- und Beratungskosten	3.000,00	
1406 (1576) Vorsteuer	380,00	
7680 (2375) Grundsteuer	50.000,00	
	1.053.380,00	**1800** (1200) Bank

Lösung Geschäftsvorfall 1:

Korrekturbuchungssatz:

Sollkonto	Betrag (€)	Habenkonto
4982 (2747) Sonstige steuerfreie Betriebseinnahmen	1.190,00	
	1.000,00	**5200** (3200) Wareneingang
	190,00	**1406** (1576) Vorsteuer

Lösung Geschäftsvorfall 2:

Die Buchung ist korrekt durchgeführt worden (Naturalrabatt).

Lösung Geschäftsvorfall 3:

Korrekturbuchungssatz:

Sollkonto	Betrag (€)	Habenkonto
2100 (1800) Privatentnahmen	1.298,18	
	1.090,91*	**4620** (8910) Entnahme durch den Unternehmer (Waren)
	207,27	**3806** (1776) USt

* 12.000 € : 11 Stück = 1.091,91 € AK je Stück

Lösung Geschäftsvorfall 4:

Spesen sind Anschaffungsnebenkosten

Korrekturbuchungssatz:

Sollkonto	Betrag (€)	Habenkonto
1510 (1348) Sonstige Wertpapiere	750,00	**6855** (4970) Nebenkosten des Geldv.

Lösung Geschäftsvorfall 5:

1 % von 59.500 € (Listenpreis = 42.500 € : 85 x 100 x 1,19 = 59.500 €) = 595,00 €
- 20 % Abschlag für nicht mit Vorsteuer belastete Kosten = 119,00 €
= 476,00 € x 19 % = 90,44 €

anzusetzen:	1.428,00 € (476 € x 3)	271,32 € (90,44 € x 3)	1.699,32 €
- gebucht:	1.275,00 €	242,25 €	1.517,25 €
= nachbuchen:	153,00 €	29,07 €	182,07 €

Korrekturbuchungssatz:

Sollkonto	Betrag (€)	Habenkonto
2100 (1800) Privatentnahmen	182,07	
	153,00	**4645** (8921) Verwendung von. Geg.
	29,07	**3806** (1776) USt

Lösung Geschäftsvorfall 6:

Die Fahrtkosten sind schon erfasst. Es sind lediglich die Verpflegungsmehraufwendungen anzusetzen.

Korrekturbuchungssatz:

Sollkonto	Betrag (€)	Habenkonto
2180 (1890) Privateinlagen	108,00	**6670** (4670) Reisekosten Unternehmer

Lösung Geschäftsvorfall 7:

Notarkosten, Grundbuchkosten und die Grunderwerbsteuer sind als Anschaffungsnebenkosten anteilig auf Gebäude und Grund und Boden zu aktivieren:

Korrekturbuchungssatz:

Sollkonto	Betrag (€)	Habenkonto
0235 (0085) Bebaute Grundstücke	10.600,00	
0240 (0090) Geschäftsbauten	42.400,00	
	3.000,00	**6825** (4950) Rechts- und Beratungsk.
	50.000,00	**7680** (2375) Grundsteuer

Die eigengenutzte Wohnung gehört zum Privatvermögen und darf nicht aktiviert werden; die anteilige Vorsteuer ist nicht abzugsfähig.

Sachkonten	Anschaffungskosten in €	Anteil Wohnung in %	Anteil Wohnung in €
Bebaute Grundstücke	210.600,00	20	42.120,00
Geschäftsbauten	842.400,00	20	168.480,00
Vorsteuer	380,00	20	76,00
		Summe	210.676,00

Korrekturbuchungssatz:

Sollkonto	Betrag (€)	Habenkonto
2100 (1800) Privatentnahmen	210.676,00	
	42.120,00	**0235** (0085) Bebaute Grundstücke
	168.480,00	**0240** (0090) Geschäftsbauten
	76,00	**1406** (1576) Vorsteuer

AUFGABE

Lutz Klein, Berlin, eröffnet am 01.12.2026 seinen Gewerbebetrieb. Er ermittelt seinen Gewinn durch Betriebsvermögensvergleich und ist regelbesteuerter Unternehmer.

Folgende Wirtschaftsgüter bringt er bei der Betriebseröffnung ein:

Anzahlung auf einen Lieferwagen	8.000 €
Darlehensschuld	10.000 €
Geschäftseinrichtung	3.000 €
Bankguthaben	45.000 €
Wertpapiere des Anlagevermögens	5.000 €
Kasse	5.000 €

Erstellen Sie mit diesen Angaben die (vereinfachte) Eröffnungsbilanz zum 01.12.2026.

Geschäftsvorfälle des Jahres 2026

Im Monat Dezember 2026 sind nur die nachstehenden Geschäftsvorfälle angefallen, die noch nicht erfasst sind.

1. Der angezahlte Lieferwagen wird am 04.12.2026 ausgeliefert. Der Rechnungsbetrag beläuft sich auf 36.000 € + 19 % USt.
2. Am 09.12.2026 stellt Klein fest, dass der Lkw einen Mangel hat. Aufgrund seiner unverzüglichen Reklamation erhält Klein einen Preisnachlass in Höhe von 8 %. Der Restkaufpreis wird durch Banküberweisung beglichen.
3. Am 16.12.2026 bucht Klein im Reisebüro spontan eine Reise für sich und seine Lebensgefährtin. Die Reise kostet für beide Personen 7.500 €. Da er nur die Karte vom betrieblichen Bankkonto bei sich hat, bezahlt er die Reise mit dieser Karte.

Abschlussangaben

4. Die Abschreibung auf die Geschäftseinrichtung beträgt 125 € und die Abschreibung auf den Lkw beträgt 552 €.
   Alle Buchbestände stimmen mit den Inventurbeständen überein.

Erstellen Sie die (vereinfachte) Schlussbilanz zum 31.12.2026. Buchungen müssen nicht vorgenommen werden.

Lösung:

Aktiva	(vereinfachte) Eröffnungsbilanz zum 01.12.2026		Passiva
Geschäftseinrichtung	3.000,00 €	Eigenkapital	56.000,00 €
Wertpapiere	5.000,00 €	Darlehen	10.000,00 €
Anzahlung	8.000,00 €		
Bank	45.000,00 €		
Kasse	5.000,00 €		
	66.000,00 €		66.000,00 €

Aktiva	(vereinfachte) Schlussbilanz zum 31.12.2026		Passiva
Geschäftseinrichtung	2.875,00 €	Eigenkapital	47.823,00 €
Wertpapiere	5.000,00 €	Darlehen	10.000,00 €
Lkw	32.568,00 €		
Vorsteuer	6.292,80 €		
Bank	6.087,20 €		
Kasse	5.000,00 €		
	57.823,00 €		57.823,00 €

AUFGABE

Hans Meister betreibt als Einzelunternehmer in Stuttgart einen Kraftfahrzeughandel mit Neu- und Gebrauchtwagen. Er ermittelt seinen Gewinn nach den §§ 4 Abs. 1, 5 EStG und ist regelbesteuerter Unternehmer. Das Wirtschaftsjahr entspricht dem Kalenderjahr. In 2026 sind einige Geschäftsvorfälle angefallen, von denen er nicht weiß, wie sie gebucht werden und wie die Auswirkungen auf den betrieblichen Gewinn sind.

Bilden Sie für die nachstehenden – noch nicht erfassten – Geschäftsvorfälle (1 bis 5) die Buchungssätze und stellen Sie fest, wie diese Vorgänge den Gewinn beeinflussen. Alle beleg- und buchmäßigen Voraussetzungen liegen vor.

Geschäftsvorfall 1:

Am 02.12.2026 erhält Hans Meister 10 Neuwagen vom französischen Hersteller Filou SE., Paris. Die Rechnung lautet über insgesamt 150.000 €. Die Eingangsrechnung ist am 31.12.2026 noch nicht bezahlt. Die Neuwagen werden alle in 2026 für insgesamt 214.200 € (brutto) verkauft und an die Kunden ausgeliefert. Alle Kunden zahlen bar.

Geschäftsvorfall 2:

Am 03.07.2026 erwirbt Hans Meister von dem Beamten Peter Fleißig, Stuttgart, einen 6 Jahre alten Pkw MB C 240 für 11.900 €; er zahlt den Kaufpreis bar. Am 19.08.2026 veräußert er diesen Pkw an den Rentner Paul Ohlig, Stuttgart, mit dem Hinweis „§ 25a UStG" für 14.280 € (Barverkauf).

Geschäftsvorfall 3:

In der Nacht zum 02.05.2026 wird im Lager von Hans Meister eingebrochen und ein Pkw gestohlen. Die Anschaffungskosten des Pkws betragen 20.000 € und der geplante Verkaufspreis des Pkws 24.000 € + 19 % USt. Die Diebstahlversicherung erstattet am 10.06.2026 17.850 € auf das Privatkonto von Hans Meister.

Geschäftsvorfall 4:

Jeder Neuwagenkäufer erhält von Hans Meister bei der Fahrzeugübergabe als Geschenk einen Regenschirm. Im Januar 2026 hatte Meister 400 Regenschirme zu je 20 € (netto) gekauft und die Eingangsrechnung durch Banküberweisung bezahlt. Im Laufe des Jahres 2026 verschenkt Meister 348 Regenschirme bewusst an Neuwagenkäufer, 50 Schirme hat er noch auf Lager und über den Verbleib der restlichen 2 Schirme ist nichts bekannt.

Geschäftsvorfall 5:

Am 22.12.2026 verkauft Meister an den österreichischen Rentner Georg Reuter, wohnhaft in Wien, einen fabrikneuen Pkw für 22.800 €. Reuter zahlt den Kaufpreis bar. Der Einkauf des Pkws ist von Meister buchmäßig ordnungsgemäß erfasst worden.

Lösung Geschäftsvorfall 1:

Wareneinkauf

Sollkonto	Betrag (€)	Habenkonto
5425 (3425) Innerg. Erwerb	150.000,00	**3300** (1600) Verb. aLuL
1404 (1574) VoSt. innerg. Erwerb	28.500,00	**3804** (1774) USt innerg. Erwerb

Gewinnauswirkung: - 150.000 €

Warenverkauf

Sollkonto	Betrag (€)	Habenkonto
1600 (1000) Kasse	214.200,00	
	180.000,00	**4200** (8200) Erlöse
	34.200,00	**3806** (1776) USt 19 %

Gewinnauswirkung: + 180.000 €

Lösung Geschäftsvorfall 2:

Wareneinkauf

Sollkonto	Betrag (€)	Habenkonto
5200 (3200) Wareneingang	11.900,00	**1600** (1000) Kasse

Gewinnauswirkung: - 11.900 €

Warenverkauf (Differenzbesteuerung)

Verkaufspreis (brutto)		14.280,00 €	
- Einkaufspreis	-	11.900,00 €	
= Differenzbetrag (brutto)		2.380,00 €	: 1,19 = 2.000 € x 19 % = 380 €

Sollkonto	Betrag (€)	Habenkonto
1600 (1000) Kasse	14.280,00	
	13.900,00	**4200** (8200) Erlöse
	380,00	**3806** (1776) USt 19 %

Gewinnauswirkung: + 13.900 €

Lösung Geschäftsvorfall 3:

Diebstahl

Sollkonto	Betrag (€)	Habenkonto
6300 (2300) Sonst. betr. Aufw.	20.000,00	**5200** (3200) Wareneingang

Gewinnauswirkung: - 20.000 €

Versicherungsentschädigung

Sollkonto	Betrag (€)	Habenkonto
2100 (1800) Privat	17.850,00	**4970** (2742) Versicherungsentschädigungen

Gewinnauswirkung: + 17.850 €

Lösung Geschäftsvorfall 4:

Sollkonto	Betrag (€)	Habenkonto
6610 (4630) Geschenke abzugsfähig **1406** (1576) Vorsteuer	8.000,00 1.520,00 9.520,00	 **1800** (1200) Bank

Gewinnauswirkung: - 8.000 €

Bestände am Bilanzstichtag werden nicht erfasst (R 6.13 Abs. 2 EStR 2012).

Lösung Geschäftsvorfall 5:

innergemeinschaftliche Lieferung (Sonderfall: Neufahrzeug = ig. Erwerb für den Rentner)

Sollkonto	Betrag (€)	Habenkonto
1600 (1000) Kasse	22.800,00	**4135** (8135) Steuerfreie innerg. Lieferungen von Neufahrzeugen

Gewinnauswirkung: + 22.800 €

AUFGABE

Der bilanzierende Einzelunternehmer Peter Schreiber betreibt in Freiburg einen Industriebetrieb. Das Wirtschaftsjahr entspricht dem Kalenderjahr. Die Umsätze unterliegen der Regelbesteuerung.

Überprüfen Sie die folgenden Geschäftsvorfälle (1 bis 6) und bilden Sie die erforderlichen Buchungssätze für 2026.

Alle beleg- und buchmäßigen Vorschriften sind erfüllt.

Steuerliche Wahlrechte sollen so ausgeübt werden, dass für das Wirtschaftsjahr 2026 ein möglichst hoher steuerlicher Gewinn ausgewiesen wird.

Geschäftsvorfall 1:

Der Kontoauszug des betrieblichen Bankkontos vom 31.12.2026 wurde noch nicht gebucht:

Umsatzsteuervorauszahlung für November 2026	65.320,50 €
Säumniszuschläge zur USt	653,00 €
Kfz-Steuer der Geschäftswagen für 2026	1.368,00 €
Lieferantenrechnung nach Abzug von 3 % Skonto	13.851,60 €

Geschäftsvorfall 2:

Im Dezember 2026 werden vier Aushilfskräfte in der Produktion geringfügig beschäftigt. Die Auszahlung von jeweils 400 € erfolgt am 05.01.2027 bar. Die Pauschalabgaben wurden ebenfalls erst im Januar 2027 abgeführt. Eine Buchung ist noch nicht vorgenommen worden. Der Betrieb hat weniger als 30 Beschäftigte. Die Arbeitnehmer haben sich von der Versicherungspflicht in der gesetzlichen Rentenversicherung befreien lassen.

Geschäftsvorfall 3:

Am 09. Dezember 2026 geht eine Rohstofflieferung aus Frankreich ein. Die beiliegende ordnungsgemäße Rechnung lautet über 3.570 €, die buchmäßig noch nicht erfasst ist. Die Bezahlung erfolgt erst im Januar 2027.

Geschäftsvorfall 4:

Am 16. Dezember 2026 werden Maschinenteile an den Schweizer Kunden Bürli, Neuchâtel, verkauft. Der reine Warenwert beträgt 2.380 €. Die Ausgangrechnung ist noch nicht gebucht worden.

Geschäftsvorfall 5:

Herr Schreiber kauft am 09. Dezember 2026 insgesamt 500 Kugelschreiber und 200 Taschenkalender jeweils mit Werbeaufdruck. Die Kugelschreiber und die Taschenkalender liegen in den Geschäftsräumen zur Mitnahme für die Laufkundschaft bereit. Die Eingangsrechnung des Lieferanten (1.250 € zzgl. 19 % USt) liegt vor, ist aber noch nicht gezahlt und gebucht worden.

Geschäftsvorfall 6:

Einem guten Geschäftspartner schenkt Herr Schreiber zum Weihnachtsfest 2026 einen Bildband „Hohenlohe" im Wert von 180 € zzgl. 12,60 € USt. Die Eingangsrechnung wird erst im Januar 2027 gezahlt und gebucht.

Lösung:

Tz.	Sollkonto	Betrag (€)	Habenkonto
1.	**3820** (1780) USt-Vorauszahlungen	65.320,00	
	6855 (4970) Nebenkosten des GV	653,00	
	7685 (4510) Kfz-Steuer	1.368,00	
	3300 (1600) Verbindl. aLuL	14.280,00*	
		81.192,60	**1800** (1200) Bank
		360,00	**5730** (3736) Erh. Skonti
		68,40	**1406** (1576) Vorsteuer
2.	**6035** (4195) Löhne für Minijobs	1.600,00	**3720** (1740) Verb. Lohn/G.
	6035 (4195) Löhne für Minijobs	448,00**	**3740** (1742) Verb. i.R.d.s.S.
	6036 (4194) Pauschale Steuern u. A.	50,72**	**3730** (1741) Verb. LSt/KiSt
3.	**5010** (3001) Aufw. für Rohstoffe	3.570,00	**3300** (1600) Verbindl. aLuL
	1404 (1574) Vorsteuer i.g. Erwerb	678,30	**3804** (1774) USt. i.g. Erw.
4.	**1200** (1400) Forderungen aLuL	2.380,00	**4120** (8120) Stfr. Umsätze
5.	**6600** (4600) Werbekosten	1.250,00	
	1406 (1576) Vorsteuer	237,50	
		1.487,50	**3300** (1600) Verbindl. aLuL
6.	**6620** (4635) Geschenke nicht abz.	192,60	**3300** (1600) Verbindl. aLuL

* 13.851,60 € : 97 x 100 = **14.280 €**

** 28 % von 1.600 € = **448,00 €**
3,17 % von 1.600 € = **50,72 €**

AUFGABE

Tommi Hitzelsberger ist ein Einzelunternehmer und betreibt in Heilbronn einen Elektrogroßhandel. Er ermittelt seinen Gewinn nach § 5 EStG und versteuert seine Umsätze nach vereinbarten Entgelten zum Regelsteuersatz. Sein Wirtschaftsjahr entspricht dem Kalenderjahr. Das steuerliche Ergebnis soll so niedrig wie möglich sein.

Überprüfen Sie die folgenden Sachverhalte (1 bis 3) und bilden Sie die erforderlichen Buchungssätze für 2026.

Sachverhalt 1:

Herr Hitzelsberger erwirbt am 05.08.2026 einen Pkw, den er auch privat nutzt. In 2026 fährt er an 87 Tagen von seiner Wohnung zur Betriebsstätte. Die einfache Entfernung für diesen Weg beträgt 9 km. Herr Hitzelsberger führt kein Fahrtenbuch.

Der Kraftfahrzeughändler berechnet:

	Listenpreis (netto)	65.000,00 €
+	Sonderausstattung	1.520,00 €
-	10 % Rabatt	- 6.652,00 €
=	Nettopreis	59.868,00 €
+	19 % USt	11.374,92 €
=	Rechnungspreis	71.242,92 €

1. Bilden Sie den Buchungssatz für die Anschaffung des Pkws am 05.08.2026.
2. Bilden Sie den Buchungssatz für die Bezahlung am 12.08.2026. Herr Hitzelsberger überweist den Rechnungsbetrag von seinem Bankkonto nach Abzug von 2 % Skonto.
3. Bilden Sie den Buchungssatz für die lineare Abschreibung zum 31.12.2026. Der Pkw hat eine betriebsgewöhnliche Nutzungsdauer von 6 Jahren.
4. Bilden Sie den Buchungssatz für die Privatnutzung des Pkws für 2026.
5. Bilden Sie den Buchungssatz für die nicht abziehbare Betriebsausgabe.
6. Bilden Sie den Buchungssatz für die noch nicht bezahlte Benzinrechnung für den Pkw über 140 € zzgl. USt.

Sachverhalt 2:

Am 15.05.2026 kommt der französische Kunde Bertrand zu Vertragsverhandlungen nach Heilbronn. Bertrand wird von Herrn Hitzelsberger in einer Gaststätte bewirtet. Herr Hitzelsberger zahlt für die Bewirtung 440,00 € (inkl. 40,00 € USt) bar. Die Aufwendungen sind angemessen und durch ordnungsgemäßen Beleg nachgewiesen.

Herr Hitzelsberger vereinbart mit Bertrand eine Lieferung über 33.000 €. Am 22.05.2026 werden die Elektroartikel von Herrn Hitzelsberger mit eigenem Lkw an Bertrand nach Frankreich geliefert. Wegen einer Reklamation am 25.05.2026 gewährt Herr Hitzelsberger einen Preisnachlass von 10 %. Am 29.05.2026 überweist Bertrand den Restbetrag abzüglich 3 % Skonto. Herr Hitzelsberger und Bertrand verwenden jeweils die USt.-IdNrn. ihres Landes.

1. Bilden Sie den Buchungssatz für die Bewirtung am 15.05.2026.
2. Bilden Sie den Buchungssatz für die Lieferung am 22.05.2026.
3. Bilden Sie den Buchungssatz für den Preisnachlass am 25.05.2026.
4. Bilden Sie den Buchungssatz für die Bezahlung des Restbetrags am 29.05.2026.

Sachverhalt 3:

Herr Hitzelsberger benutzt seine gemietete Telefonanlage zu 5 % für private Zwecke. Eine Telefonmietrechnung über insgesamt 1.500 € zzgl. 19 % USt, die durch Banküberweisung beglichen wurde, ist noch zu buchen.

Bilden Sie den erforderlichen Buchungssatz für den Sachverhalt 3.

Lösung:

Tz.	Sollkonto	Betrag (€)	Habenkonto
1.1	**0520** (0320) Pkw **1406** (1576) Vorsteuer	59.868,00 11.374,92 71.242,92	 **3300** (1600) Verbindl. aLuL
1.2	**3300** (1600) Verbindl. aLuL	71.242,92 69.818,06 1.197,36 227,50	 **1800** (1200) Bank **0520** (0320) Pkw **1406** (1576) Vorsteuer
1.3	**6222** (4832) Abschreibungen	4.074,35	**0520** (0320) Pkw
1.4	**2100** (1800) Privatentnahmen	4.556,16 791,00 3.164,00 601,16	 **4639** (8924) Entnahme o. USt **4645** (8921) Entnahme m. USt **3806** (1776) Umsatzsteuer
1.5	**6689** (4679) Fahrten zw. W. u. B. (nicht abziehbarer Anteil)	832,95	 **4639** (8924) Entnahme o. USt
1.6	**6500** (4530) Fahrzeugkosten **1406** (1576) Vorsteuer	140,00 26,60 166,60	 **3300** (1600) Verbindl. aLuL
2.1	**6640** (4650) Bewirtungskosten **6644** (4654) Nicht abz. BK **1406** (1576) Vorsteuer	280,00 120,00 40,00 400,00	 **1600** (1000) Kasse
2.2	**1200** (1400) Forderungen aLuL	33.000,00	**4125** (8125) Strfr. i.g. Lieferung
2.3	**4700** (8700) Erlösschmälerungen	3.300,00	**1200** (1400) Forderungen aLuL
2.4	**1800** (1200) Bank **4730** (8730) Gewährte Skonti	28.809,00 891,00 29.700,00	 **1200** (1400) Forderungen aLuL
3	**6805** (4920) Telefon **1406** (1576) Vorsteuer **2100** (1800) Privatentnahmen	1.425,00 270,75 89,25 1.785,00	 **1800** (1200) Bank

Tz. 1.3:		58.670,64 € : 6 x 5/12 =		**4.074,35 €**
Tz. 1.4:		66.520 € x 1,19 =		79.158,80 €
		79.100 € x 1 % x 5 Monate =		3.955,00 €
	-	20 % Abschlag	-	791,00 €
	=	Bemessungsgrundlage		**3.164,00 €**
		19 % von 3.164 € =		**601,16 €**
Tz. 1.5:		79.100 € x 0,03 % x 9 km x 5 Monate =		1.067,85 €
	-	Werbungskosten: 87 Tage x 9 km x 0,30 €	-	234,90 €
	=	nicht abzugsfähige Betriebsausgabe		**832,95 €**
		Ein Abschlag von 20 % ist unzulässig.		
Tz. 2.4:		Lieferung über		33.000,00 €
	-	10 % Preisnachlass	-	3.300,00 €
	=			29.700,00 €
	-	3 % Skonto	-	891,00 €
	=	Banküberweisung		**28.809,00 €**
Tz. 3:		19 % von 1.500 € = 285 x 5 % =		14,25 €
		285 € - 14,25 € =		**270,75 €**
		75 € (5 % von 1.500 €) + 14,25 =		**89,25 €**
		1.500 € - 75 € =		**1.425,00 €**

AUFGABE

Die bilanzierende Einzelunternehmerin Wiebke Seemann betreibt in München ein Sportgeschäft. Wiebke Seemann verkauft Sportartikel sowohl an Privatleute als auch an Sportartikeleinzelhändler weltweit und erzielt dabei jährlich einen Gesamtumsatz von ca. 1 Mio. €. Das Wirtschaftsjahr entspricht dem Kalenderjahr.

Überprüfen Sie die folgenden Geschäftsvorfälle (1 bis 7) und bilden Sie die erforderlichen Buchungssätze für 2026. Alle beleg- und buchmäßigen Vorschriften sind erfüllt.

1. Geschäftsvorfall

Wiebke Seemann verkauft Sportartikel an japanische Touristen in ihrem Geschäft in München (Ausfuhrnachweise liegen vor) gegen bar für 2.380 €. Eine Buchung ist noch nicht erfolgt.

2. Geschäftsvorfall

Wiebke Seemann verkauft Sportartikel an Touristen aus Parma (Italien) in ihrem Geschäft in München gegen bar für 1.190 €. Der Vorgang ist buchmäßig noch nicht erfasst.

3. Geschäftsvorfall

Wiebke Seemann verkauft Sportartikel an einen privaten Abnehmer aus Dijon (Frankreich) für 595 € auf Ziel. Die Artikel werden mit der Post nach Frankreich geliefert. Die Umsatzschwelle von Frau Seemann ist nicht überschritten. Die Ausgangsrechnung ist noch nicht gebucht.

4. Geschäftsvorfall

Die Versandkosten (3. Geschäftsvorfall) in Höhe von 30 € bezahlt Frau Seemann bar, ohne sie dem französischen Kunden weiterzuberechnen. Der Vorgang ist buchmäßig noch nicht erfasst.

5. Geschäftsvorfall

Der französische Kunde aus Dijon (3. Geschäftsvorfall) zahlt seine Rechnung unter Abzug von 2 % Skonto durch Banküberweisung. Eine Buchung ist noch nicht erfolgt.

6. Geschäftsvorfall

Frau Seemann bezieht Sportartikel aus den USA ab Flughafen New York und erhält folgende Rechnung (Auszug):

Warenwert 4.000 € + Fracht 200 € = 4.200 €.

Die Eingangsrechnung ist noch nicht gebucht.

7. Geschäftsvorfall

Bei Auslieferung der Waren (6. Geschäftsvorfall) am Flughafen München zahlt Frau Seemann 504 € Zoll und die Einfuhrumsatzsteuer (EUSt) mit Banküberweisung. Der Vorgang ist buchmäßig noch nicht erfasst.

Lösung:

Tz.	Sollkonto	Betrag (€)	Habenkonto
1.	**1600** (1000) Kasse	2.380,00	**4120** (8120) Steuerfreie Umsätze §4 Nr. 1a UStG
2.	**1600** (1000) Kasse	1.190,00 1.000,00 190,00	 **4200** (8200) Erlöse **3806** (1776) Umsatzsteuer
3.	**1200** (1400) Forderungen aLuL	595,00 500,00 95,00	 **4315** (8315) Erlöse aus im Inland stpfl. EU-Lieferungen 19 % USt **3808** (1778) USt auf im Inland stpfl. EU-Lieferungen 19 %
4.	**6740** (4730) Ausgangsfrachten	30,00	**1600** (1000) Kasse
5.	**1800** (1200) Bank **4726** (8726) Erlösschmälerungen aus im Inland stpfl. EU-Lieferungen 19 % USt **3808** (1778) USt aus im Inland stpfl. EU-Lieferungen 19 %	583,10 10,00 1,90 595,00	 **1200** (1400) Forderungen aLuL
6.	**5200** (3200) Wareneingang **5800** (3800) Bezugsnebenkosten	4.000,00 200,00 4.200,00	 **3300** (1600) Verbindl. aLuL
7.	**5800** (3800) Bezugsnebenkosten **1433** (1588) Bezahlte EUSt	504,00 893,76 1.397,76	 **1800** (1200) Bank

zu Tz. 5:		Rechnung	595,00 €
	-	2 % Skonto	- 11,90 €
	=	Banküberweisung	**583,10 €**
		11,90 € : 1,19 =	**10,00 €**
		19 % von 10 € =	**1,90 €**

zu Tz. 7		Warenwert	4.000,00 €
	+	Fracht	200,00 €
			4.200,00 €
	+	Zoll	**504,00 €**
	=	BMG (§ 11 UStG)	4.704,00 €
	+	19 % EUSt	**893,76 €**
			5.597,76 €

AUFGABE

Der bilanzierende Gemüsehändler Ludwig Munz, Mannheim, kauft am 05.02.2026 12 Bürostühle für seinen Betrieb. Die Eingangsrechnung lautet über 6.000 € zzgl. 19 % USt. Die betriebsgewöhnliche Nutzungsdauer der Stühle beträgt 13 Jahre. Am 01.10.2026 entnimmt Herr Munz einen der Bürostühle und schenkt ihn seiner Tochter. Am 01.10.2026 betragen die Wiederbeschaffungskosten des Bürostuhls unstrittig 400 €. Munz hat im Jahr 2026 für die Anwendung des § 6 Abs. 2a EStG optiert.

1. Bilden Sie die Buchungssätze
   a) für die Eingangsrechnung der Bürostühle zum 05.02.2026 und
   b) für die Entnahme des Bürostuhls zum 01.10.2026.
2. Bilden Sie den Buchungssatz für die Abschreibung zum 31.12.2026.

Lösung:

Tz.	Sollkonto	Betrag (€)	Habenkonto
1.a)	**0675** (0485) Sammelposten **1406** (1576) Vorsteuer	6.000,00 1.140,00 7.140,00	 **3300** (1600) Verbindl. aLuL
1.b)	**2100** (1800) Privatentnahmen	476,00 400,00 76,00	 **4620** (8910) Entnahme **3806** (1776) USt
2.	**6264** (4862) Abschr. Sammelposten	1.200,00	**0675** (0485) Sammelposten

zu 1. a)

6.000 € : 12 = 500 € (= Wirtschaftsgut i.S.d. § 6 Abs. 2a EStG)

zu 1. b)

Die Privatentnahme des Stuhls ist mit dem Teilwert (= Wiederbeschaffungskosten) anzusetzen.

zu 2.

Scheidet ein Wirtschaftsgut aus dem Betriebsvermögen aus, wird der Sammelposten nicht vermindert (§ 6 Abs. 2a **Satz 3** EStG).

20 % von 6.000 € = 1.200 € (§ 6 Abs. 2a **Satz 2** EStG)

AUFGABE

Die bilanzierende Gewerbetreibende Jana Metzger, Nürnberg, hat im Frühjahr 2022 einen Pkw gekauft, der ausschließlich von ihrem Sohn Peter für private Zwecke genutzt wird. Der Pkw ist deshalb auch nicht im Betriebsvermögen ausgewiesen.

Ab 01.08.2026 wird der Pkw ausschließlich von einem Mitarbeiter des Betriebs für Dienstfahrten genutzt. Am 01.08.2026 hat der Pkw einen unstrittigen Teilwert von 18.000 € und eine richtig geschätzte Restnutzungsdauer von 3 Jahren. Bisher ist für das Wirtschaftsjahr 2026 noch keine Buchung erfolgt.

1. Bilden Sie den Buchungssatz für die Einlage zum 01.08.2026.
2. Bilden Sie den Buchungssatz für die lineare Abschreibung zum Bilanzstichtag 31.12.2026.

Lösung:

Tz.	Sollkonto	Betrag (€)	Habenkonto
1.	**0520** (0320) Pkw	18.000,00	**2180** (1890) Privateinlagen
2.	**6222** (4832) Abschr. auf Kfz	2.500,00	**0520** (0320) Pkw

zu 1.

Einlagen sind mit dem **Teilwert** für den Zeitpunkt der Zuführung anzusetzen (§ 6 Abs. 1 Nr. 5 EStG).

zu 2.

33 ⅓ % von 18.000 € = 6.000 € x 5/12 = **2.500 €**

AUFGABE

Max Fink war bis 31.12.2025 selbständiger Versicherungsvertreter und ermittelte in dieser Zeit seinen Gewinn aus Gewerbebetrieb nach § 4 Abs. 3 EStG (Einahmen-Überschuss-Rechnung). Im Frühjahr 2025 hat ihn das Finanzamt aufgefordert, seinen Gewinn ab 01.01.2026 durch Betriebsvermögensvergleich (§ 5 EStG) zu ermitteln. Zu diesem Zeitpunkt hat Max Fink auch seine Versicherungsvertretung aufgegeben und ist seit 01.01.2026 sehr erfolgreich als selbständiger Immobilienmakler tätig. Seine Umsatzsteuervoranmeldungen übermittelt er monatlich an das Finanzamt.
Am 03.03.2024 hat sich Max Fink einen neuen Pkw für 42.000 € zzgl. 19 % USt angeschafft und bisher linear abgeschrieben. Der Pkw hat eine betriebsgewöhnliche Nutzungsdauer von 6 Jahren.

1. Ermitteln Sie den Abschreibungsbetrag für das Wirtschaftjahr 2026.
2. Welche umsatzsteuerliche Wirkung hat der Wechsel seiner Tätigkeit?
3. Bilden Sie alle notwendigen Buchungssätze für 2026, die den Pkw betreffen.

Lösung:

zu 1.

Im Jahre 2024 übte Max Fink eine **umsatzsteuerfreie** Tätigkeit als Versicherungsvertreter aus. Deshalb war er **nicht** zum **Vorsteuerabzug berechtigt** (§ 15 Abs. 2 UStG).
Die Vorsteuer gehört zu den Anschaffungskosten des Pkws (§ 9b EStG).

	Anschaffungskosten Pkw 2024		49.980,00 €
-	AfA 2024 (49.980 € : 6 x 10/12)	-	6.942,00 €
=	Buchwert am 31.12.2024		43.038,00 €
-	AfA 2025	-	8.330,00 €
=	Buchwert am 31.12.2025		34.708,00 €
-	AfA 2026	-	**8.330,00 €**

zu 2.

Nach § 15a UStG hat sich innerhalb von 5 Jahren eine **Nutzungsänderung** des Pkws insoweit ergeben, als Max Fink ab 01.01.2026 **vorsteuerabzugsberechtigt** ist.
Nach § 15a UStG ist deshalb eine **Vorsteuerberichtigung** vorzunehmen.

Vorsteuer 7.980 € : 60 Monate (5 Jahre) = 5.054 € (= Vorsteuerguthaben) : 38 Monate = 133 €/Monat x 12 Monate = **1.596 €** (Vorsteuerguthaben in 2026)

Die Vorsteuererstattungen mindern nicht die Anschaffungskosten (§ 9b EStG); sie sind Betriebseinnahmen.

zu 3.

Sollkonto	Betrag (€)	Habenkonto
0520 (0320) Pkw	34.708,00	**9000** (9000) Saldenvorträge
6222 (2315) Abschr. auf Kfz	8.330,00	**0520** (0320) Pkw
1376 (1556) Nachtr. abz. VoSt	1.596,00	**4830** (2700) Sonst. betr. Erträge

AUFGABE

Der seit 2023 verwitwete Lutz Griffel, Ludwigsburg (Baden-Württemberg), hat eine 7-jährige Tochter und ist bei dem bilanzierenden Architekten Sebastian Speidel, Stuttgart, angestellt. Herr Griffel hat seinen Arbeitsplatz nicht im Büro des Architekten, sondern im Arbeitszimmer seiner Wohnung. Das Arbeitszimmer wird so gut wie ausschließlich für die Erbringung seiner Arbeitsleistung genutzt. Griffel hat nicht zur USt optiert.

Herr Griffel erhält neben seinem Gehalt in Höhe von 3.300 € im Monat von seinem Arbeitgeber eine monatliche Miete für das Arbeitszimmer in Höhe von 200 €. Die Zahlung der Miete erfolgt jeweils mit der Gehaltsüberweisung durch die Bank. Die Steuern vom Lohn betragen insgesamt 387,22 €/Monat. Der Arbeitnehmeranteil zur Sozialversicherung beträgt 691,35 € und der Arbeitgeberanteil 691,35 €.

1. Erstellen Sie die Gehaltsabrechnung für den Monat Juni 2026.
2. Ermitteln Sie den gesamten Überweisungsbetrag.
3. Bilden Sie die notwendigen Buchungssätze für Sebastian Speidel.

Lösung:

zu 1. und 2.

Lutz Griffel wird nach der Lohnsteuerklasse II/1,0 besteuert. Die Überweisung der Miete stellt keinen Arbeitslohn dar [H 19.3 (Mietzahlungen) LStH].

	Bruttogehalt		3.300,00 €
-	Steuern vom Lohn und Gehalt	-	387,22 €
-	Sozialversicherung	-	691,35 €
=	Nettogehalt		2.221,43 €
+	Miete	+	200,00 €
=	Überweisungsbetrag		**2.421,43 €**

zu 3.

Sollkonto	Betrag (€)	Habenkonto
6020 (4120) Gehälter	3.300,00	
	387,22	**3730** (1741) Verb. LSt
	691,35	**3740** (1742) Verb. SV
	2.221,43	**1800** (1200) Bank
6110 (4130) Ges. soz. Aufw.	691,35	**3740** (1742) Verb. SV
6310 (4210) Mietaufwendungen	200,00	**1800** (1200) Bank

AUFGABE

Die Müller & Feldmann KG, Mannheim, beschäftigt im Durchschnitt 570 Mitarbeiter und betreibt auf dem Betriebsgelände eine Kantine, in der die Mitarbeiter ein tägliches Mittagessen einnehmen können.

Im März 2026 betragen die Kosten für die Kantine 7.000 € (Personal, Materialeinkauf, Abschreibungen usw.). Im März 2026 werden 600 Mittagessen ausgegeben. Die Mitarbeiter zahlen für ein Mittagessen 1,00 € bar. Der Arbeitgeber übernimmt die pauschale Lohnsteuer.

1. Ermitteln Sie die Höhe der pauschalen Lohnsteuer.
2. Bilden Sie die notwendigen Buchungssätze.

Lösung:

zu 1.

Rechtsgrundlage § 40 Abs. 2 EStG
geldwerter Vorteil der Arbeitnehmer:

	600 Essen x 4,57 € (lt. Sozialversicherungsentgeltverordnung) =	2.742,00 €
-	Zuzahlung der Arbeitnehmer (600 x 1,00 €) =	- 600,00 €
		2.142,00 €
	davon 25 % Lohnsteuer	535,50 €
x	5,5 % Solidaritätszuschlag	29,45 €
x	6,5 % Kirchensteuer (Baden-Württemberg)	34,81 €
		599,76 €

zu 2.

Sollkonto	Betrag (€)	Habenkonto
6170 (4145) Soziale Leistungen stfr.	2.142,00	
6020 (4120) Gehälter	600,00	
	504,20	**4200** (8200) Erlöse
	95,80	**3806** (1776) USt
	1.800,00	**4948** (8613) Sachbezüge
	342,00	**3806** (1776) USt
6039 (4198) Pauschale Steuern	599,76	**3730** (1741) Verb. a. LSt

AUFGABE

Der bilanzierende Rudolf Gerisch betreibt eine Buchdruckerei in Dortmund. Am 07.04.2026 erwirbt er einen neuen Pkw Kombi für 20.000 € zzgl. 19 % USt auf Ziel. In seinem Betriebsvermögen befindet sich noch ein alter Pkw, der so gut wie ausschließlich betrieblich genutzt wird. Der alte Pkw ist in 2014 für 12.000 € angeschafft worden und wird in der Bilanz zum 31.12.2025 mit einem Erinnerungswert von 1 € ausgewiesen.

Vereinbarungsgemäß übergibt Herr Gerisch bei der Abholung des neuen Pkws, der eine betriebsgewöhnliche Nutzungsdauer von 6 Jahren hat, den alten Pkw und der Autohändler gewährt ihm für den alten Pkw einen Nachlass von 2.500 €.

1. Erstellen Sie die Rechnung des Autohändlers.
2. Bilden Sie den Buchungssatz für die Eingangsrechnung bei der Firma Gerisch.
3. Bilden Sie den Buchungssatz für die lineare Abschreibung. Herr Gerisch kann § 7g EStG nicht in Anspruch nehmen.

Lösung:

zu 1.

	Pkw Kombi	20.000,00 €
+	19 % USt	3.800,00 €
=	Kaufpreis	23.800,00 €
-	Altwagen	- 2.500,00 €
=	zu zahlen	21.300,00 €

zu 2. und 3.

Tz.	Sollkonto	Betrag (€)	Habenkonto
2.	**0520** (0320) Pkw	20.000,00	
	1496 (1576) Vorsteuer	3.800,00	
		2.100,84	**4849** (8829) Erlöse aus AV
		399,16	**3806** (1776) USt
	4855 (2315) Anlagenabgänge	1,00	**0520** (0320) Pkw
		21.300,00	**3300** (1600) Verbindlichk. aLuL
3.	**6222** (4832) Abschr. auf Kfz	2.500,00*	**0520** (0320) Pkw

* 16⅔ % (§ 7 Abs. 1 EStG) von 20.000 € = 3.334 € x 9/12 = **2.500 €**

AUFGABE

1. Bilden Sie für das Möbelhaus André Bucher e.K. die für 2026 noch erforderlichen Buchungssätze. Herr Bucher betreibt sein Fachgeschäft in München und unterhält eine Filiale in Bad Tölz. Herr Bucher strebt einen möglichst geringen steuerlichen Gewinn an.

1.1. Im Rahmen der Weihnachtssonderaktion bestellt ein Kunde eine Küche für brutto 14.851,20 € (Lieferung Anfang 2027) und bezahlt den gesamten Kaufpreis unter Abzug von 3 % Rabatt sofort bar. Der Kunde erhält eine Quittung ohne Umsatzsteuer-Ausweis.

1.2. Herr Bucher erhält von einem deutschen Lieferanten 55 Küchenstühle. Der Rechnungsbetrag lautet über 2.200 € + USt.

1.3. Wegen Beschädigungen werden zwei Stühle zurückgesandt. Das Möbelhaus Bucher erhält hierfür eine Gutschrift über 80 € + USt.

1.4. Der Restbetrag aus der obigen Lieferung der Stühle wird unter Abzug von 2 % Skonto vom betrieblichen Bankkonto des Herrn Bucher überwiesen.

1.5. Von einem Hersteller aus Rumänien werden 20 Bürotische an das Möbelhaus Bucher zum Nettopreis von 24.000 € geliefert. Die Rechnung enthält die USt-IdNr. des rumänischen Lieferers, die USt-IdNr. des deutschen Erwerbers und den Hinweis auf die Steuerbefreiung der Lieferung.

1.6. Die Eingangsrechnung aus Rumänien wird von Herrn Bucher unter Abzug von 2 % Skonto per Bank beglichen.

1.7. Bucher kauft von einem chinesischen Hersteller Regale. Der Rechnungsbetrag lautet über 18.400 €. Die Lieferung erfolgt unverzollt und unversteuert und wird richtig gebucht. Der Zollwert der Ware entspricht dem Rechnungsbetrag.
Bilden Sie die Buchungssätze für 15 % Zoll und die Einfuhrumsatzsteuer (EUSt). Zoll und EUSt wurden per Bank überwiesen.

2. Der Unternehmer Bucher erwirbt am 03.11.2026 einen neuen Pkw. Der Autohändler stellt im folgende (vereinfachte) Rechnung aus.

	Listenpreis	26.520,00 €
+	Sonderausstattung (Lackierung, Klimaanlage)	3.600,00 €
+	Überführung	490,00 €
	gesamt	30.610,00 €
+	19 % Umsatzsteuer	5.815,90 €
	brutto	36.425,90 €

2.1. Bilden Sie den Buchungssatz für den Kauf des Pkws. Die Zahlung erfolgt durch Banküberweisung.

2.2. Die Zulassungsgebühr in Höhe von 25,90 € und die Kosten für die Kennzeichen von 24,50 € + USt sowie die erste Tankfüllung mit 60 € + USt werden bar bezahlt.

2.3. Bilden Sie den Buchungssatz für die lineare Abschreibung des Pkws zum Jahresende. Die betriebsgewöhnliche Nutzungsdauer des Fahrzeugs beträgt 6 Jahre.

2.4. Der Pkw wird von Herrn Bucher im November und Dezember 2026 auch privat genutzt. Bilden Sie den Buchungssatz nach der 1 %-Methode. Fahrten zwischen Wohnung und Betriebsstätte sind nicht angefallen.

3. Herr Bucher tätigt für sein Büro Mitte Dezember 2026 bei verschiedenen Lieferanten noch nachfolgende Anschaffungen. Ordnungsmäßige Rechnungen liegen vor; die Lieferungen erfolgen jeweils noch im Dezember 2026. Bilden Sie die für den Jahresabschluss 2026 noch erforderlichen Buchungssätze.

3.1. Anschaffung eines neuen Aktenvernichters: Listenpreis 975 € + USt. Der Hersteller gewährt einen Sonderrabatt von 30 % und bei Zahlung innerhalb von 14 Tagen 2 % Skonto. Bucher bezahlt sofort mit der betrieblichen EC-Karte.

3.2. Kauf eines neuen Besucherschreibtisches: Listenpreis 3.420 € + USt. Die betriebsgewöhnliche Nutzungsdauer des Tisches beträgt 13 Jahre. Der Tisch soll linear abgeschrieben werden.

4. Herr Bucher nimmt zum 30. September 2026 ein Fälligkeitsdarlehen über 500.000 € zu folgenden Konditionen bei seiner Hausbank auf: Auszahlung: 97 %, Zinssatz 9,5 %, Laufzeit 10 Jahre.

4.1. Bilden Sie den Buchungssatz für die Gutschrift auf dem Bankkonto.

4.2. Zum 31.12.2026 belastet die Bank den Unternehmer Bucher mit den Zinsen für drei Monate.
Bilden Sie alle für den Jahresabschluss noch erforderlichen Buchungssätze.

5. Herr Bucher besucht 2026 an drei Tagen (Abfahrt Montag 06:10 Uhr, Rückkehr Mittwoch 22:15 Uhr) eine Computer-Messe in Hannover. Es fallen folgende Ausgaben an, für die ordnungsgemäße Belege vorliegen.

5.1. Fahrkarte der Deutschen Bahn AG 130 €
1 Hotelübernachtung (ohne Frühstück) 178 €
Die Bruttobeträge werden mit der betrieblichen EC-Karte gezahlt.

5.2. Die Verpflegungsmehraufwendungen entnimmt Herr Bucher der Kasse (Eigenbeleg).

5.3. Am letzten Messetag muss Herr Bucher ein Taxi nehmen. Er entnimmt den quittierten Betrag in Höhe von 15 € (Stadtfahrt) aus der Kasse.

6. Ein langjähriger, guter Kunde erhält bei einem Besuch von Herrn Bucher eine Vase als Geschenk überreicht, die aus dem Warenlager entnommen wird. Der Inhaber erstellt darüber einen Eigenbeleg aus. Die Vase wurde eine Woche vorher für 48 € + USt eingekauft. Der Verkaufspreis der Vase beträgt 78 € + USt.

7. Folgende Gehaltszahlung ist für Dezember 2026 noch nicht gebucht. Die Überweisung des Auszahlungsbetrags erfolgt am 31.12.2026 per Bank.
Ein Mitarbeiter erhält aufgrund arbeitsvertraglicher Regelungen neben dem tariflichen Arbeitslohn von 1.500 €/Monat auch eine verbilligte Wohnung, deren ortsübliche Miete 525 € beträgt. Der Arbeitnehmer bezahlt nur 250 €/Monat, die er gesondert überweist. Folgende Angaben sind noch zu berücksichtigen:

Steuern	150,00 €
Arbeitnehmeranteil zur Sozialversicherung	330,00 €
Arbeitgeberanteil zur Sozialversicherung	320,00 €

Lösung:

zu 1.1

Sollkonto	Betrag (€)	Habenkonto
1600 (1000) Kasse	14.405,66	
	12.105,60	**3272** (1718) Erhaltene Anzahlungen
	2.300,06	**3806** (1776) Umsatzsteuer

14.851,20 € - 445,54 € (3 % Rabatt) = **14.405,66 €**
14.405,66 € : 1,19 = **12.105,60 €**
19 % von 12.105,60 € = **2.300,06 €**
Sofortrabatte werden in der Regel buchmäßig nicht erfasst.

zu 1.2

Sollkonto	Betrag (€)	Habenkonto
5200 (3200) Wareneingang	2.200,00	
1406 (1576) Vorsteuer	418,00	
	2.618,00	**3300** (1600) Verbindlichkeiten aLuL

zu 1.3

Sollkonto	Betrag (€)	Habenkonto
3300 (1600) Verbindlichkeiten aLuL	95,20	
	80,00	**5200** (3200) Wareneingang
	15,20	**1406** (1576) Vorsteuer

zu 1.4

Sollkonto	Betrag (€)	Habenkonto
3300 (1600) Verbindlichkeiten aLuL	2.522,80	
	2.472,34	**1800** (1200) Bank
	42,40	**5736** (3736) Erhaltene Skonti
	8,06	**1406** (1576) Vorsteuer

2.618,00 € - 95,20 € (Rücksendung) = 2.522,80 € - 50,46 (2 % Skonto) = **2.472,34 €**
50,46 € : 1,19 = **42,40 €**
19 % von 42,40 € = **8,06 €**

zu 1.5

Sollkonto	Betrag (€)	Habenkonto
5425 (3425) Innerg. Erwerb	24.000,00	**3300** (1600) Verbindlichkeiten aLuL
1404 (1574) VoSt aus innerg. E.	4.560,00	**3804** (1774) USt aus innerg. Erwerb

zu 1.6

Sollkonto	Betrag (€)	Habenkonto
3300 (1600) Verbindlichkeiten aLuL	24.000,00	
	23.520,00	**1800** (1200) Bank
	480,00	**5748** (3748) Erhaltene Skonti aus i.E.
3804 (1774) USt aus i.E.	91,20	**1404** (1574) Vorsteuer aus innerg.E.

Korrektur USt/VoSt: 2 % von 4.560 € = **91,20 €**

zu 1.7

Sollkonto	Betrag (€)	Habenkonto
5840 (3850) Zölle und EUSt	2.760,00	
1433 (1588) Bezahlte EUSt	4.020,40	
	6.780,40	**1800** (1200) Bank

Zoll: 15 % von 18.400 € = **2.760 €**
EUSt: 19 % von 21.160 € (18.400 € + 2.760 €) = **4.020,40 €**

zu 2.1

Sollkonto	Betrag (€)	Habenkonto
0520 (0320) Pkw	30.610,00	
1406 (1576) Vorsteuer	5.815,90	
	36.425,90	**1800** (1200) Bank

zu 2.2

Sollkonto	Betrag (€)	Habenkonto
0520 (0320) Pkw	50,40	
6500 (4500) Fahrzeugkosten	60,00	
1406 (1576) Vorsteuer	16,06	
	126,46	**1600** (1000) Kasse

ANK: 25,90 € + 24,50 € = **50,40 €**
VoSt: 19 % von 84.50 € (24,50 € + 60 €) = **16,06 €**

zu 2.3

Sollkonto	Betrag (€)	Habenkonto
6222 (4832) Abschreib. auf Kfz	851,67	**0520** (0320) Pkw

AfA: 16⅔ % von 30.660,40 € (30.610 € + 50,40 €) = 5.110,00 € x 2/12 = **851,67 €**
(§ 7 Abs. 1 EStG)

zu 2.4

Sollkonto	Betrag (€)	Habenkonto
2100 (1800) Privatentnahmen	824,83	
	572,80	**4645** (8921) Verwendung von G.
	108,83	**3806** (1776) Umsatzsteuer
	143,20	**4639** (8924) Verwendung von G. ohne USt

	Listenpreis + Sonderausstattung (netto)	30.120,00 €
+	19 % Umsatzsteuer	5.722,80 €
=	Bruttolistenpreis	35.842,80 €
	Abrundung auf volle 100 Euro	35.800,00 €
	1 % von 35.800 €	358,00 €
-	20 % Abschlag für nicht von VoSt belastete Kosten	- 71,60 €
=	Privatanteil für einen Monat	286,40 €
	Privatanteil für zwei Monate (286,40 € x 2 Monate)	**572,80 €**
	USt: 19 % von 572,80 €	**108,83 €**
	20 % Abschlag : 71,60 € x 2 Monate	**143,20 €**

zu 3.1

Sollkonto	Betrag (€)	Habenkonto
0670 (0480) GWG	668,85	
1406 (1576) Vorsteuer	127,08	
	795,93	**3300** (1600) Verbindlichkeiten aLuL
6262 (4660) Abschr. GWG	668,85	**0670** (0480) GWG

	Listenpreis	975,00 €
-	30 % Rabatt	- 292,70 €
		682,50 €
-	2 % Skonto	- 13,65 €
=	AK ≤ 800 = Sofortabschreibung als Aufwand	**668,85 €**

zu 3.2

Sollkonto	Betrag (€)	Habenkonto
0650 (0420) Büroeinrichtung	3.420,00	
1406 (1576) Vorsteuer	649,80	
	4.069,80	**3300** (1600) Verbindlichkeiten aLuL
6220 (4830) Abschreibungen	21,92	**0650** (0420) Büroeinrichtung

Abschreibung 2026: 3.420 € : 13 Jahre ND = 263,08 € x 1/12 = **21,92 €**

zu 4.1

Sollkonto	Betrag (€)	Habenkonto
1800 (1200) Bank	485.000,00	
1940 (0986) Damnum	15.000,00	
	500.000,00	**3170** (0650) Verb. g. Kreditinst. > 5 J.

Darlehen 500.000 € - **15.000€** (3 % Damnum) = **485.000€** (Bankgutschrift)

zu 4.2

Sollkonto	Betrag (€)	Habenkonto
7320 (2120) Zinsaufwendungen	11.875,00	**1800** (1200) Bank
7320 (2120) Zinsaufwendungen	375,00	**1940** (0986) Damnum

Zinsen: 9,5 % von 500.000 € = 47.500 € x 3/12 = **11.875 €**
Damnum: 15.000 € : 10 Jahre = 1.500 € x 3/12 = **375 €**

zu 5.1

Sollkonto	Betrag (€)	Habenkonto
6670 (4670) Reisekosten U.	121,50	
6670 (4670) Reisekosten U.	166,36	
1406 (1576) Vorsteuer	20,14	
	308,00	**1800** (1200) Bank

Reisekosten Deutsche Bahn AG: 130 € : 1,07 = **121,50 €**
Reisekosten Hotel: 178 € : 1,07 = **166,36 €**
Vorsteuer: 8,50 € + 11,64 € = **20,14 €**

zu 5.2

Sollkonto	Betrag (€)	Habenkonto
6670 (4670) Reisekosten U.	56,00	**1600** (1000) Kasse

Verpflegungspauschale:	Montag	1 x 14 € =	14 €
	Dienstag	1 x 28 € =	28 €
	Mittwoch	1 x 14 € =	14 €
			56 €

zu 5.3

Sollkonto	Betrag (€)	Habenkonto
6670 (4670) Reisekosten U.	14,02	
1401 (1571) Vorsteuer 7 %	0,98	
	15,00	**1600** (1000) Kasse

Fahrtkosten Taxi: 15 € : 1,07 = 14,02 € + Vorsteuer: 7 % von 14,02 € = **0,98 €**

zu 6.

Sollkonto	Betrag (€)	Habenkonto
6620 (4635) Geschenke nicht abz.	57,12	
	48,00	**5200** (3200) Wareneingang
	9,12	**1406** (1576) Vorsteuer

Das Geschenk von mehr als 35 Euro ist als Betriebsausgabe nicht abzugsfähig (§ 4 Abs. 5 Nr. 1 EStG).

zu 7.

Sollkonto	Betrag (€)	Habenkonto
6020 (4120) Gehälter	1.500,00	
6072 (4152) Sachzuwendungen	100,00	
	1.020,00	**1800** (1200) Bank
	150,00	**3730** (1741) Verb. LSt/KiSt
	330,00	**3740** (1742) Verb. i.R.d.s.S.
	100,00	**4949** (8614) Verr. sonst. Sachb.
6110 (4130) Ges. soz. Aufw.	320,00	**3740** (1742) Verb. i.R.d.s.S.

	Bruttogehalt		1.500,00 €
	⅔ ortsüblicher Mietpreis einschl. Nebenkosten	350 €	
-	gezahlte Miete der Wohnung	250 €	
+	Sachbezug, Freigrenze von 50 Euro überschritten		**100,00 €**
=	steuer- und sozialversicherungspflichtiger Arbeitslohn		1.600,00 €
-	Lohnsteuer/Kirchensteuer/Solidaritätszuschlag		- 150,00 €
-	Sozialversicherungsbeiträge		- 330,00 €
	Nettogehalt		1.120,00 €
-	Sachbezug		- **100,00 €**
=	Auszahlungsbetrag		1.020,00 €

AUFGABE

Der 40-jährige Lutz Görgen wohnt in Stuttgart und betreibt in Ludwigsburg einen Autohandel mit einer angeschlossenen Werkstatt. Am 12.01.2026 (Tag der Auslieferung) erwirbt Görgen von der Autoherstellerin PNEU AG, Stuttgart, zwei Pkw. Görgen ist Vertragshändler der PNEU AG. Der Listenpreis eines Pkws beträgt 30.000 € zzgl. 19 % USt. Görgen erwirbt die zwei Pkw zu einem Nettopreis von je 20.000 €. Die betriebsgewöhnliche Nutzungsdauer der Pkw beträgt fünf Jahre. Die Abschreibung soll linear erfolgen.

Den Pkw1 nutzt Lutz Görgen als Geschäftswagen für betriebliche und regelmäßig auch für private Zwecke.

Den Pkw2 nutzt der 30-jährige Verkäufer Philipp Lustig (Steuerklasse III/1,0 rk), der in Bietigheim (Baden-Württemberg) wohnt, für betriebliche und private Fahrten. Sein Bruttolohn beträgt monatlich 2.535,90 €. Die Steuern vom Lohn betragen insgesamt 38,33 €/Monat. Die Beiträge zur Sozialversicherung betragen 634,50 € für den Arbeitnehmer und 634,50 € für den Arbeitgeber.

Die Entfernungskilometer für die Strecke zwischen Wohnung und Betriebstätte betragen für Görgen 20 km und für Lustig 10 km.

Alle durch die Fahrzeuge verursachten Aufwendungen werden vom Betrieb getragen.

Pkw 1

private Nutzung

Der Pkw 1 verursacht im Jahr 2026 folgende Aufwendungen:

Abschreibungen (20 % von 20.000 €)	4.000,00 €
Inspektionen, Benzin	1.000,00 €
Versicherung und Steuern	600,00 €
Gesamtkilometerleistung	20.000 km
davon privat gefahren	4.000 km
davon zwischen Wohnung und Betriebsstätte (200 Tage x 20 km x 2)	8.000 km

Lutz Görgen möchte wissen, welche steuerlichen Konsequenzen aus dem geschilderten Sachverhalt entstehen. Die steuerlichen Wahlrechte sollen – mit Ausnahme der Abschreibungsmöglichkeiten – so ausgeübt werden, dass für das Wirtschaftsjahr 2026 ein möglichst geringer Gewinn ausgewiesen wird.

Lösung:

Anschaffung der Pkw

Die Pkw gehören zum notwendigen Betriebsvermögen (R 4.2 EStR 2012) und sind mit den Anschaffungskosten zu bewerten (§ 255 Abs. 1 HGB):

Pkw1: betriebliche Nutzung > 50 % (Anlagevermögen, § 247 HGB)

Pkw2: betriebliche Nutzung 100 % (Anlagevermögen, § 247 HGB)

Pkw1 und Pkw2 sind abzuschreiben (§ 253 Abs. 3 HGB).

Buchungssatz für die Anschaffung der Pkw:

Sollkonto	Betrag (€)	Habenkonto
0520 (0320) Pkw **1406** (1576) Vorsteuer	40.000,00 7.600,00 47.600,00	 **3300** (1600) Verbindlichkeiten aLuL

Die private Nutzung des betrieblichen Pkws kann durch die **1%-Regelung** oder durch die **Fahrtenbuchregelung** ermittelt werden.

1%-Regelung

Die private Nutzung eines zum Betriebsvermögen gehörenden Kraftfahrzeugs ist **einkommensteuerlich** eine Entnahme (§ 4 Abs. 1 Satz 2 EStG) und nach § 6 Absatz 1 Nr. 4 Satz 2 EStG mit 1 % des inländischen Listenneupreises (brutto) zu bewerten, wenn dieses zu mehr als 50 % betrieblich genutzt wird.

Umsatzsteuerlich ist die private Nutzung eine unentgeltliche Wertabgabe des Unternehmens, die einer sonstigen Leistung gegen Entgelt gleichgestellt ist (§ 3 Abs. 9a Nr. 1 UStG), wenn der verwendete Gegenstand zum Vorsteuerabzug berechtigt hat. Diese ist nach § 1 Abs. 1 Nr. 1 UStG steuerbar und mangels eines Befreiungstatbestandes auch steuerpflichtig. Weil der Pkw auch zu mehr als 50 % unternehmerisch genutzt wird, kann die einkommensteuerliche 1 %-Regelung zur Bewertung der Leistung herangezogen werden:

Listenpreis (30.000 € + 5.700 € USt)	35.700,00 €
davon 1 %	357,00 €
davon gelten 80 % als mit Vorsteuer entlastet	285,60 €
davon gelten 20 % als nicht mit Vorsteuer entlastet	71,40 €
USt (285,60 € x 19 %)	54,26 €

monatlicher Buchungssatz:

Sollkonto	Betrag (€)	Habenkonto
2100 (1800) Privatentnahmen	411,26 285,60 71,40 54,26	 **4645** (8921) Verwendung mit USt **4639** (8924) Verwendung ohne USt **3806** (1776) Umsatzsteuer 19 %

Fahrtenbuchregelung

Setzt der Unternehmer für **Ertragsteuerzwecke** die private Nutzung mit den auf die Privatfahrten entfallenden Aufwendungen an, indem er die für das Fahrzeug insgesamt entstehenden Aufwendungen durch Belege und das Verhältnis der privaten zu den übrigen Fahrten durch ein ordnungsgemäßes **Fahrtenbuch** nachweist (§ 6 Abs. 1 Nr. 4 Satz 3 EStG), ist von diesem Wert auch bei der Bemessungsgrundlage für die private Nutzung auszugehen.

Herr Görgen nutzt den betrieblichen Pkw lt. ordnungsgemäß geführtem Fahrtenbuch, wie die folgende Berechnung zeigt, zu **20 %** für private Zwecke.

Gesamtleistung	20.000 km
davon privat	4.000 km
entspricht (4.000 km x 100 : 20.000 km)	**20 %**

Für den Pkw sind folgende Kosten angefallen:

		mit USt	ohne USt
Abschreibung	4.000 € x 20 % =	800 €	
Inspektion, Benzin	1.000 € x 20 % =	200 €	
Versicherung und Steuern	600 € x 20 % =		120 €
insgesamt (Jahresbeträge)		1.000 €	120 €
Monatsbeträge (Jahresbeträge : 12)		**84 €**	**10 €**
USt (Jahresbetrag mit USt x 19 %)		**16 €**	

monatlicher Buchungssatz:

Sollkonto	Betrag (€)	Habenkonto
2100 (1800) Privatentnahmen	110,00	
	84,00	**4645** (8921) Verwendung mit USt
	10,00	**4639** (8924) Verwendung ohne USt
	16,00	**3806** (1776) Umsatzsteuer 19 %

nicht abzugsfähige Betriebsausgaben

Die Aufwendungen für die Fahrten zwischen Wohnung und Betriebsstätte gehören zwar zu den Betriebsausgaben, sie sind jedoch der Höhe nach vom Abzug begrenzt (§ 4 Abs. 5 Nr. 6 EStG):

Die Aufwendungen müssen grundsätzlich – analog der 1%-Regelung – mit 0,03 % je Entfernungskilometer für jeden Kalendermonat geschätzt werden. Diese Aufwendungen sind aber nicht abzugsfähig, soweit sie den Betrag übersteigen, den ein Arbeitnehmer als Werbungskosten ansetzen könnte:

Aufwendungen (Betriebsausgaben) 20 km x 0,03 % x 35.700 € =	214,20 €
– Werbungskosten (Entfernungspauschale) 15 Tage x 20 km x 0,30 € =	– 90,00 €
= nicht abzugsfähige Betriebsausgaben	**124,20 €**

Die Fahrten zwischen Wohnung und Betriebsstätte zählen zu den unternehmerischen Fahrten; deswegen ist keine Umsatzsteuer anzusetzen.

Sollkonto	Betrag (€)	Habenkonto
6689 (4679) Fahrten Wohnung-Betriebsst. (nicht abziehbarer Anteil)	124,20	**6570** (4530) Sonst. Kfz-Kosten

Pkw 2

Die Überlassung des Pkws an den Arbeitnehmer für private Zwecke ist für den Arbeitgeber **Personalaufwand** und für den Arbeitnehmer ein **geldwerter Vorteil** (Arbeitslohn).

Der Arbeitslohn des Angestellten besteht also aus dem Bruttolohn und dem Sachbezug (geldwerter Vorteil):

Der Sachbezug wird mit der 1%-Regelung nach §8 Abs. 2 EStG (Hinweis auf §6 Abs. 1 Nr. 4 EStG) bewertet:

1% von 35.700 € (Listenpreis) je Monat =	357,00 €
+ 0,03% von 35.700 € x 10 km (Entfernungskilometer) je Monat =	107,10 €
= Sachbezug (lohnsteuer- und sozialversicherungspflichtig)	464,10 €

Gehaltsabrechnung:

	Bruttogehalt	2.535,90 €
+	Sachbezug	**464,10 €**
=	steuer- und sozialversicherungspflichtiger Arbeitslohn	3.000,00 €
-	Lohnsteuer/Kirchensteuer/Solidaritätszuschlag	- 38,33 €
-	Sozialversicherungsbeiträge	- 634,50 €
	Nettogehalt	2.327,17 €
-	Sachbezug	- **464,10 €**
=	Auszahlungsbetrag	1.863,07 €

Buchungssatz:

Sollkonto	Betrag (€)	Habenkonto
6020 (4120) Gehälter	2.327,17	
6020 (4120) Gehälter	464,10	
	38,33	**3730** (1741) Verbindl. aus LSt
	634,50	**3740** (1742) Verbindl. i.R.d.s.S.
	390,00	**4947** (8611) Verr. Sachbezüge
	74,10	**3806** (1776) Umsatzsteuer 19%
	1.863,07	**1800** (1200) Bank
6110 (4130) Ges. soz. Aufw.	634,50	**3740** (1742) Verbindl. i.R.d.s.S.

Springer Gabler link.springer.com

BORNHOFEN – unsere Nr. 1 – mit LernApp* und eBook inside

Bornhofen/Bornhofen
Buchführung 2
DATEV- Kontenrahmen 2025
Abschlüsse nach Handels- und Steuerrecht – Betriebswirtschaftliche Auswertung – Vergleich mit IFRS

37., überarb. u. aktualisierte Aufl. 2026
XVII, 415 S., Book + eBook. Brosch.
€ (D) 28,00 | € (A) 28,77 | CHF 31.00
ISBN 978-3-658-50630-8 (Softcover)
ISBN 978-3-658-50631-5 (eBook)

Bornhofen/Bornhofen
Lösungen zum Lehrbuch
Buchführung 2
DATEV- Kontenrahmen 2025
Mit zusätzlichen Prüfungsaufgaben und Lösungen

37., überarb. u. aktualisierte Aufl. 2026
VII, 162 S., Book + eBook. Brosch.
€ (D) 24,99 | € (A) 25,69 | CHF 28.00
ISBN 978-3-658-50632-2 (Softcover)
ISBN 978-3-658-50955-2 (eBook)

Bornhofen/Bornhofen
Steuerlehre 2
Rechtslage 2025
Einkommensteuer, Körperschaftsteuer, Gewerbesteuer, Bewertungsgesetz und Erbschaftsteuer

46., überarb. u. aktualisierte Aufl. 2026
XXIV, 520 S., Book + eBook. Brosch.
€ (D) 28,00 | € (A) 28,77 | CHF 31.00
ISBN 978-3-658-50635-3 (Softcover)
ISBN 978-3-658-50636-0 (eBook)

Bornhofen/Bornhofen
Lösungen zum Lehrbuch
Steuerlehre 2
Rechtslage 2025
Mit zusätzlichen Prüfungsaufgaben und Lösungen

46., überarb. u. aktualisierte Aufl. 2026
IX, 219 S., Book + eBook. Brosch.
€ (D) 24,99 | € (A) 25,69 | CHF 28.00
ISBN 978-3-658-50639-1 (Softcover)
ISBN 978-3-658-50640-7 (eBook)

* **Springer Nature Flashcards App,** Zugangscode im **Lehr**buch.

€ (D): gebundener Ladenpreis in Deutschland, € (A): Preis in Österreich. CHF: unverbindliche Preisempfehlung.
Alle Preise inkl. gesetzl. MwSt. zzgl. evtl. anfallender Versandkosten.

Jetzt bestellen auf link.springer.com

Part of **SPRINGER NATURE**

Ihr Bonus als Käufer dieses Buches

Als Käufer dieses Buches können Sie kostenlos das eBook zum Buch nutzen. Sie können es dauerhaft in Ihrem persönlichen, digitalen Bücherregal auf **link.springer.com** speichern oder auf Ihren PC/Tablet/eReader downloaden.

Gehen Sie bitte wie folgt vor:

1. Gehen Sie zu **link.springer.com** und suchen Sie das vorliegende Buch (am schnellsten über die Eingabe der eISBN).
2. Legen Sie es in den Warenkorb und klicken Sie dann auf: **zum Einkaufswagen/zur Kasse.**
3. Geben Sie den untenstehenden Coupon ein. In der Bestellübersicht wird damit das eBook mit 0 Euro ausgewiesen, ist also kostenlos für Sie.
4. Gehen Sie weiter **zur Kasse** und schließen den Vorgang ab.
5. Sie können das eBook nun downloaden und auf einem Gerät Ihrer Wahl lesen. Das eBook bleibt dauerhaft in Ihrem digitalen Bücherregal gespeichert.

EBOOK INSIDE

eISBN: 978-3-658-51988-9

Ihr persönlicher Coupon: 4kCqFJjlaHKXJDn

Sollte der Coupon fehlen oder nicht funktionieren, senden Sie uns bitte eine E-Mail mit dem Betreff: **eBook inside** an **customerservice@springernature.com**.

GPSR Compliance

The European Union's (EU) General Product Safety Regulation (GPSR) is a set of rules that requires consumer products to be safe and our obligations to ensure this.

If you have any concerns about our products, you can contact us on ProductSafety@springernature.com

In case Publisher is established outside the EU, the EU authorized representative is:

Springer Nature Customer Service Center GmbH
Europaplatz 3
69115 Heidelberg, Germany

Printed by Wilco bv, the Netherlands